滇省輿地圖說

雲南全省輿圖

北至四川
四川界
貴州界
東至粵西泗城府界
粵西界
越南界
南至
金沙江
大關同知
昭通府恩安縣
鎮雄州
永善縣
魯甸
牛欄江
東洪江
巧家同知
東川府會澤縣
尋甸州
曲靖府南寧縣
霑益州
宣威州
可渡橋
滇南勝境
貴州界
平彝縣
馬龍州
陸涼州
嵩明州
嘉利澤
雲南府昆明縣
省城
宜良縣
八達河
師宗縣
路南州
廣西直隸州
矣邦池
彌勒縣
羅平州
廣南府寶寧縣
剝江
土富州
澂江府河陽縣
呈貢縣
晉寧州
昆陽州
江川縣
星雲湖
河西縣
新興州
寧州
杞湖
嶍峨縣
通海縣
石屏州
臨安府建水縣
阿迷州
邱北
長橋海
蒙自縣
開化府文山縣
天生橋
白馬同知
賭咒河
禮社江
藤條江
黑江
滇池
安寧州
武定直隸州
絳雲露山
祿勸縣
王龍山
富民縣
邵甸

蒙番界
塔城關
蒙番界
理州界
金沙江
雪山
中甸同知
維西
麗江府麗江縣
鶴慶州
劍川州
永北直隸廳
俅江
怒江
浪滄江
馬面關
雲龍州
漾濞江
浪穹縣
鄧川州
洱海
大理府太和縣
點蒼山
賓川州
雲南縣
白井提舉
大姚縣
黑井提舉
西至緬甸野夷界
滇灘關
神護關
永平縣
永昌府保山縣
定西嶺
蒙化直隸廳
趙州
普淜
姚州
鎮南州
定遠縣
楚雄府楚雄縣
琅井提舉
廣通縣
萬仞關
騰越州
高黎貢山
陽瓜江
碍嘉
南安州
巨石關
潞江
順寧府順寧縣
雲州
浪滄江
碧嵐山
大盈江
銅壁關
龍川江
景東河
緬寧
景東直隸廳
恩樂縣
鐵壁關
龍陵同知
蒙樂山
鎮沅直隸州
虎踞關
漢龍關
天馬關
威遠同知
普洱府寧洱縣
思茅同知
緬甸界
九龍江
車里
暹羅邊界
南掌邊界

雲南省總圖説

雲南省唐虞南交昧谷之交夏商為梁州域周合梁于雍又為雍州邊裔戰國時楚莊蹻略地西至滇池歸道阻絶遂自王其地號滇國秦時始通道置吏莊氏猶世王滇漢初通西南夷置犍為郡元封間以兵臨滇滇王降改置益州郡後漢因之晉分益州之四郡為寧州統縣四十五唐置姚州又置戎州都督府後為蒙氏據號南詔宋為段氏據稱大理國元憲宗征雲南諸部悉平得五城八府四郡三十七部立萬户府十有九設大理都元帥府至元間分大理國三十七部為南北中三路立總管府旋置雲南行中書省明初平滇改諸路為府改行省為雲南等處承宣布政使司

國

朝因之雍正四五年以四川之東川昭通二府改隸雲南乾隆三十五年改鎮沅元江廣西武定四府為直隸州改永北景東蒙化三府為直隸廳裁鶴慶府改為州隸麗江裁姚安府以附郭之姚

州併隸楚雄凡府十四直隸州四直隸廳三直隸鹽井提舉司三
糧儲道駐省城屬糧儲道轄者雲南府武定直隸州迤東道駐曲
靖府尋甸州屬迤東道轄者曲靖府澂江府開化府廣南府廣西
直隸州東川府昭通府迤西道駐大理府城屬迤西道轄者大理
府麗江府永昌府順寧府楚雄府永北直隸廳蒙化直隸廳景東
直隸廳迤南道駐普洱府城屬迤南道轄者普洱府臨安府鎮沅
直隸州元江直隸州滇省在
京師西南八千二百里其地東至粵西泗城府界七百五十里西至
緬甸野夷界一千七百六十里南至越南界七百五十里北至四
川會理州界四百里東西廣二千五百一十里南北袤一千一百
五十里雲南府為省會駐劄文職官則雲貴總督雲南巡撫統布
政使按察使糧儲道鹽法道營制則督標副將一游擊二都司一
守備二千總把總外委五十一兵二千四百七十六撫標叅將游

擎一守備二千總把總外委三十兵一千二十四俱駐省城其山
脈發源於崑崙過西番歷滇黔楚越吳而盡於大江之岸昔人謂
之南幹大龍雲南實据上游老君山穹窿嵂為滇省衆山之祖
中出為趙州之定西嶺為楚雄之碧蔵山折而北至羅次之玉龍
山復折而南至昆陽之鐵鑪關又東北為屼岣山又北為郤甸折
而西南為陸山紆曲三疊旋轉如環乃建省治焉他若黔蒼高黎
貢蒙樂玉龍絳雲露等山實為全滇雄鎮南詔時僭封五岳則安
矣水則金沙浪滄二江為大金沙自塔城關以西入雲南界繞於
北而會川江浪滄自你那山入雲南界盤於南而入車里正東之
水皆滙八達河入廣西正西之水皆歸潞江入緬甸而景東河陽
瓜江貫穿腹裏疆界畫然此三迤之所由分也綜其大畧省會據
五華昆海之勝沃衍蕃庶實為奥區西則大理當迤西之中以提
督分駐建瓴設險西枕麗江一郡控扼番蔵襟山帶河規模雄勝

與省會聲勢聯絡永北一廳繞金沙江外為其左臂永昌順寧跨
浪滄江外為其右臂楚雄拱於省西武定衛於省北澂江扞于省
南普洱蒙化景東鎮沅為西南之藩蔽元江臨安為正南之屏障
廣南廣西開化為東南之鎖鑰曲靖為通黔之咽喉東川昭通為
達川之門户西控緬甸南覊暹羅南掌東馭越南北界蒙番東北
面衢達黔楚外有重關之固内有諸江之險扼邊據要控馭羣蠻
洵南服之重地也若夫鹽池之利五金之產以及分防武職兵數
土司夷人名目與士習民風之淳漓於各府直隸廳州圖說分晰
言之茲不詳載云

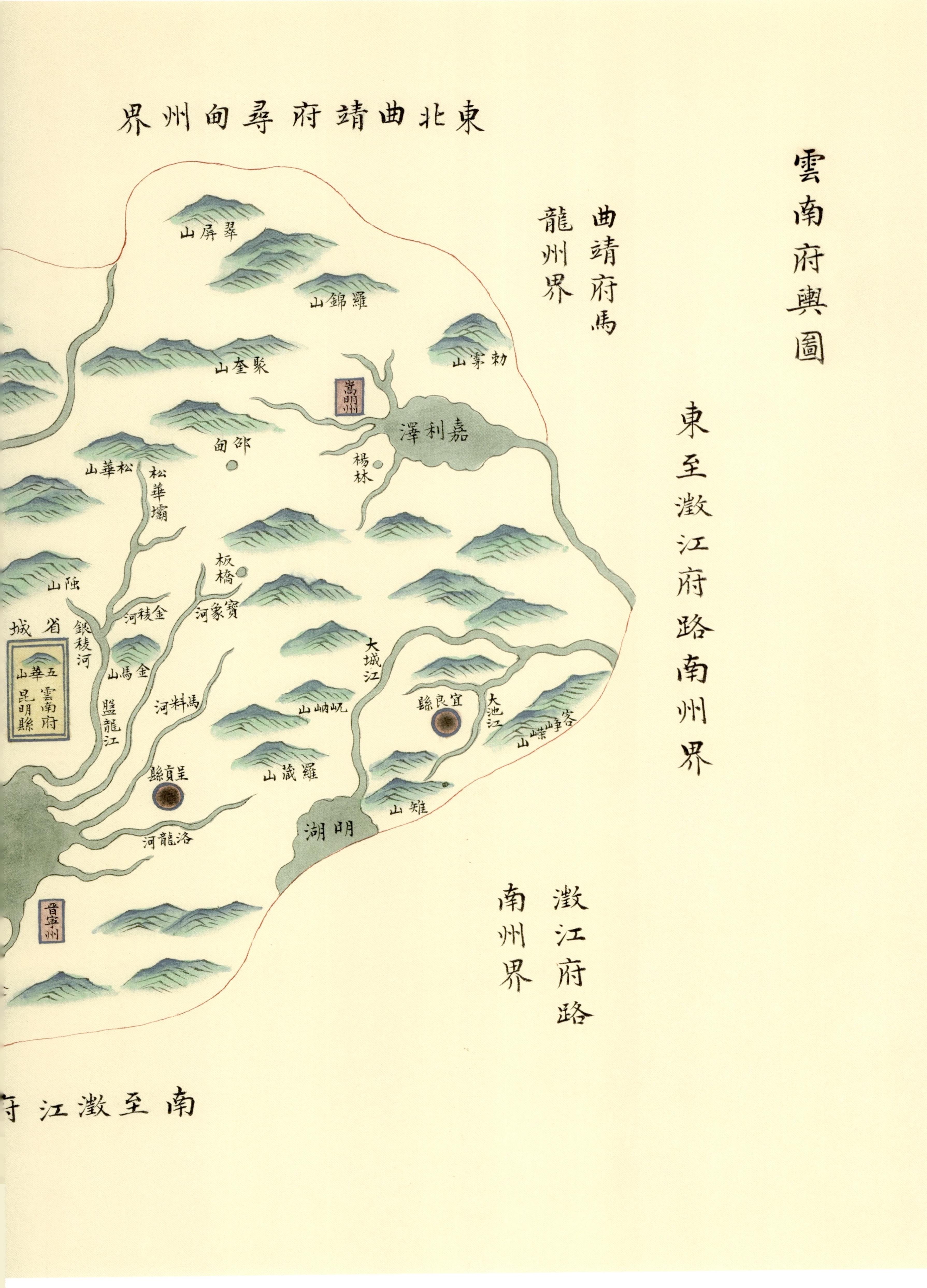
雲南府輿圖
東北曲靖府尋甸州界
曲靖府馬龍州界
東至激江府路南州界
激江府路南州界
南至激江府
翠屏山
羅錦山
聚奎山
勅雾山
嵩明州
嘉利澤
邵甸
楊林
松華山
松華壩
板橋
金稜河
寶象河
省城
銀稜河
五華山
雲南府昆明縣
金馬山
盤龍江
馬料河
大城江
宜良縣
大池江
客崢嵘山
峋屼山
羅藏山
呈貢縣
雉山
明湖
洛龍河
晉寧州

西北武定直隸州界
西至楚雄府廣通縣界
元江州新平縣界
新興州界
羅次縣
白華山
大美銅廠
分水嶺
金水河
鍊象關
五道河
九峯山
富民縣
祿豐縣
姚陵山
清水河
南平關
東河
星宿江
南河
老鴉關
螳螂川
安寧州
碧雞關
萬寶銅廠
太華山
智勇山
新井
易門縣
易江
海口
九渡河
祿益山
資利河
白鶴山
義都銅廠
渠濫江
黎崖山
老吾山鉄廠
月山
昆陽州
寶應山

雲南府圖說

雲南府古梁州域漢置益州郡蜀漢改建寧郡晉增置寧州郡改晉寧郡唐為昆州隸姚州總管府旋改隸戎州都督府天寶末為蒙氏據後稱鄯闡府宋為段氏地元平滇置鄯闡萬戶府後改中慶路立雲南行中書省明改雲南府

國朝因之領州四縣七隸糧儲道東至澂江府路南州界一百二十五里西至楚雄府廣通縣界二百四十五里南至澂江府新興州界一百五十五里北至曲靖府尋甸州界一百四十三里知府領同知通判經歷教授訓導各一附郭為昆明縣古穀昌秦臧建伶三縣治知縣領縣丞教諭訓導典史各一郡城北負虵山南臨滇水金馬東驤碧雞西峙城中則五華巋然為郡鎮山水利則六河環繞灌溉攸資曰盤龍江在縣東源出嵩明邵甸至縣境松華壩分為二曰金稜河源出松華山即盤龍江之左流曰銀稜河源出

黑龍潭南流入盤龍江曰寶象河源出上板橋分源至官渡流入滇池曰海源河源出聚仙山曰馬料河源出白土村納六河而成巨浸者曰滇池亦稱昆海在縣西南周圍三百餘里匯呈貢晉寧昆陽三州縣之水入海口經螳螂川北繞富民達祿勸之普渡河而入金沙江府西北七十里為富民縣古西寧地知縣領教諭訓導典史各一城北九峯山峯峯相對為縣主山水則清水河源出羅次東入大河直達滇水府東一百二十里為宜良縣古昆州治知縣領教諭訓導典史各一縣東客爭榮山高出雲表為一縣鎮雉山在正南水則明湖清澄如鏡大城江源出舊陽宗縣東注大池江入八達河府西北一百三十里為羅次縣古羅部蠻地知縣領教諭訓導典史各一山則玉龍白華環列如畫分水嶺二水分流一流出五道河一流入金水河由祿豐而之元江即星宿江之源土巡檢一駐鍊象關銅廠一曰大美知縣理之府南九十里為

晉寧州古滇池治知州領學正訓導吏目各一城西五里有金沙草湖即昆池濱府南四十里為呈貢縣古晟貢治知縣領教諭訓導典史各一城北屼峋山羣峰聳拔為邑衆山祖羅藏山蜿蜒百餘里稱雄勝焉城東落龍河源出黑白龍潭流入昆池田畝皆資灌溉府西七十里為安寧州古連然治知州領學正訓導吏目各一山則岈嵏白鶴諸山水則資利河源通滇池下注螳螂川鹽井二曰洪源在城內曰新井在城外知州理之府西北二百一十里為祿豐縣古祿俸甸知縣領教諭訓導典史各一山有象頭姚陵水則東河南河曲折環繞流入星宿江土巡檢一駐南平關其東老鴉關則為旅憩地無險府南一百二十里為昆陽州古昆澤治知州領學正訓導吏目各一城西月山形如半月州治建其下東南寶應山泒峯特秀城東渠濫江北入海口注于螳螂川府西南二百五十里為易門縣古烏蠻地山則黎崖祿益智勇為縣藩籬

水則易江九渡河為城襟帶銅廠三曰萬寶曰義都在縣境曰香樹坡在南安州地鐵廠一曰老吾山皆知縣理之府東北一百三十里為嵩明州古嵩盟地知州學正訓導吏目各一山則羅錦翠屏勅夆聚奎諸山環列左右水有嘉利澤衆水交滙為邑巨浸營制則城守營叅將守備各一千總把總外委十八守城分防兵一千九十夷人則有僰夷白人爨蠻猓玀撒彌玀玀普特子間傒卜俱畊作採樵勤于食力蓋郡城為蒙氏柘東舊阯元時立為行省迄今五百餘載士習民風蒸蒸丕變氣候沖和土田沃美蕪擅陂池之利形勢則背連黔蜀面控三迤宅是南邦為大都會洵非偶然矣

武定州輿圖
東至曲靖府尋甸州界
雲南府富民縣界
北至口
南至雲南
獅子尾銅廠
金沙江
絳雲露山
撒甸
韋邱山
普渡河
掌鳩河
祿劝縣
五鳳山
佐邱山
香水泉
武定
直隸
二龍山
盐龍河

會理州界
西至楚雄府大姚縣界
楚雄府定遠縣界
羅次縣界
金沙江
渡口
金沙江巡檢
雞鳴山
龍川江
元謀縣
茶房山
長山
銀槽河
只舊井
西溪河
勒品甸
草溪井
大寶銅廠

武定直隸州圖說

武定州在漢為越嶲益州郡地唐隸戎州後為南詔據設于矢洪
農碌券二部宋段氏為羅婺部元時內附立萬戶府隸威楚路併
仁德于矢二部入羅婺部為北路總管府旋以本部為武定路軍
民府明初改為武定軍民府裁元所置南甸縣入和曲州裁易籠
石舊二縣入祿勸州後改為武定府
國
初因之康熙五十七年誅撒甸土酋以其田賦戶口入武定里甲
次年移府同知駐撒甸地府領州二縣一乾隆三十五年改武定
府為直隸州即和曲州舊治裁府同知改府經歷為吏目改祿勸
州為縣與原設之元謀縣俱歸州轄隸糧儲道州在省會西北一
百八十里東至曲靖府尋甸州界一百二十里西至楚雄府大姚
縣界二百四十里南至雲南府羅次縣界四十里北至四川會理
州界五百里知州領學正訓導巡檢吏目各一巡檢分駐金沙江

山則獅子佐邱三台五鳳二龍聳拔千仞水則盤龍河旋繞如帶香水泉銀槽河清洌可飲可溉城北三百餘里金沙江通川要口設巡檢防之土舍一駐環州甸土巡捕一駐勒品甸銅廠一曰大寶知州理之州西一百九十里為元謀縣古華竹部地知縣領教諭訓導典史各一山有茶房雞鳴長山環亘四周水有龍川江發源鎮南入縣境西溪河通定遠大姚合邑境諸水北注金沙江鹽井二曰只舊知縣理之曰草谿屬黑井提舉阿陋井大使理之州東北二十里為祿勸縣知縣領教諭訓導典史各一所轄五境二十四馬山曰絳雲露雄拔為諸山冠曰幸邱山頂有三峰可容萬家洵為天險河有普渡掌鳩發源富民經縣境北折而入金沙江銅廠一曰獅子尾為東川子廠東川府知府理之營制則叅將一領守備一千總把總外委十五守城分防兵六百三十二夷人有羅緬羅婺土人漢夷襍處風俗淳和稱易治云

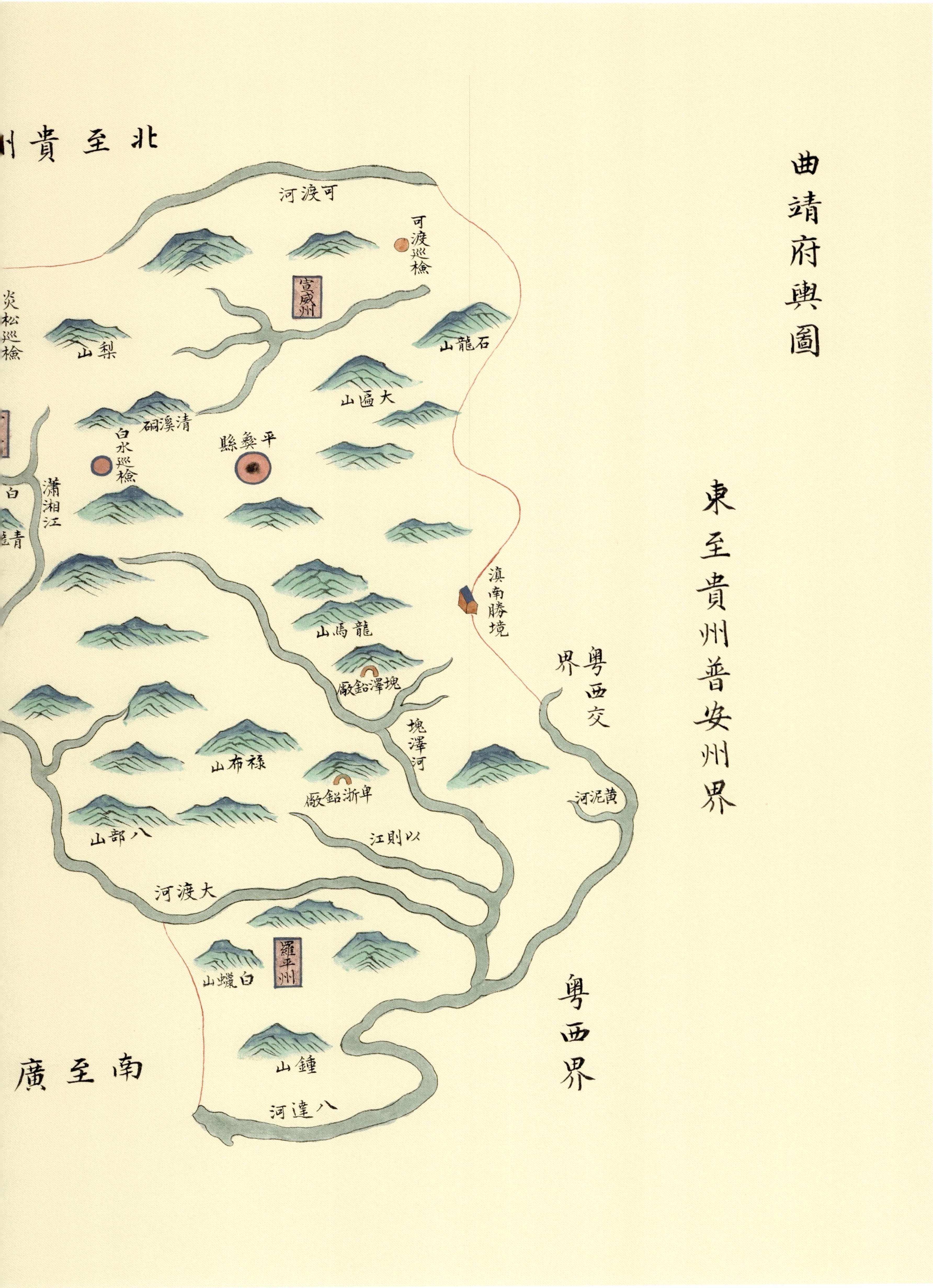
曲靖府輿圖
東至貴州普安州界
北至貴
南至廣
粵西界
粵西交界
可渡河
可渡巡檢
宣威州
石龍山
梨山
炎松巡檢
大匾山
清溪硐
白水巡檢
平彝縣
瀟湘江
滇南勝境
龍馬山
塊澤鉛廠
塊澤河
祿布山
卑浙鉛廠
黃泥河
八部山
以則江
大渡河
羅平州
白蠟山
鍾山
八達河

寧州界
東川府界
東洪江
東翁江
雙龍銅廠
安銅廠
功山
華山
果馬山
清水海
玉屏山
鳳梧山
翠峯山
尋甸州
負金山
南寧縣
鳳錐山
西河
多羅山
馬龍州
木容山
中和山
陸涼州
東湖
易古巡檢
西至雲南府嵩明州界
澂江府界
直隸州界

曲靖府圖說

曲靖府禹貢梁州南境漢為益州牂牁二郡蜀漢改益州為建寧郡復分建寧牂牁立興古郡晉屬寧州分置平夷郡唐初立南寧州改恭州為曲州析協州置靖州以南寧州為都督府改郎州都督尋罷天寶末南詔據之為石城郡宋為段氏地後為摩彌部所據元平滇置摩彌萬户府後改曲靖路總管府明為曲靖軍民府

國初因之尋改曲靖府改尋甸府為州附焉隸迤東道領州六縣二府在省會東三百里東至貴州普安州界一百七十里西至雲南府嵩明州界二百二十里南至廣西直隸州界一百七十里北至貴州威寧州界四百五十里知府領同知教授訓導司獄各一附郭為南寧縣知縣領教諭訓導巡檢典史各一巡檢駐白水其山則翠峯青龍終南員金環拱前後水則白石江獨當一面與霑益北來諸水會於城東北南達陸涼羅平而入八達河府北三十里

為霑益州古宛温治知州領學正訓導吏目巡檢各一巡檢駐炎松州四面環山帶水龍華梨山尤著府南一百二十里為陸涼州古同樂治知州領學正訓導吏目各一山則鳳雛木容高出羣峰水則中埏澤合瀟湘諸水匯為東湖府西五十里為馬龍州古律高治知州領學正訓導吏目各一山則多羅中和水則西河九曲流入車洪江地極磽瘠居民病馬府東南二百七十里為羅平州古漏卧治知州領學正訓導吏目各一山則祿布八部鐘山白蠟為藩籬水則塊澤河自舊亦佐縣流入州境會以則江大渡河入八達河府西一百三十里為尋甸州古仁地部迤東道駐劄於此知州領學正訓導吏目巡檢各一巡檢駐易古山則玉屏果馬鳳梧功山遠列屏障而城西一水周廣數里名清水海鉛廠一曰妥安知州理之銅廠一曰雙龍知府理之銅廠歲辦京銅萬數千斤礦砂薄劣薪炭倍費府東北二百三十里為平彝縣古平夷治知

縣領教諭訓導典史各一龍馬山峙于南清溪洞環于北鉛廠二
曰塊澤在縣境曰卑浙在羅平州境皆知縣理之府東北二百三
十里為宣威州舊霑益州治知州領學正訓導吏目巡檢各一巡
檢駐可渡橋石龍大匾諸山為滇黔交界險阻要塞車翁右繞可
渡後踞洵黔蜀之咽喉曲尋之重蔽焉兵制則曲尋協副將駐府
城領都司一守備二千總把總外委三十二守城分防兵一千四
百一十六又宣威駐參將一領守備一千總把總外委十五守城
分防兵六百一十二夷人則有海玀玀乾玀玀狆人黑乾夷苗子
皆守榛狉舊俗是郡地接川黔為全滇之鎖鑰作兩迤之門庭而
衝途瘠土訟獄繁多惟附郭平疇廣野稍稱沃壤云

曲靖府圖說

曲靖府禹貢梁州南境漢為益州牂牁二郡蜀漢改益州為建寧郡復分建寧牂牁立興古郡晉屬寧州分置平夷郡唐初立南寧州改恭州為曲州析協州置靖州以南寧州為都督府改郎州都督尋罷天寶末南詔據之為石城郡宋為段氏地後為摩彌部所據元平滇置摩彌萬户府後改曲靖路總管府明為曲靖軍民府

國初因之尋改曲靖府改尋甸府為州附焉隸迤東道領州六縣二府在省會東三百里東至貴州普安州界一百七十里西至雲南府嵩明州界二百二十里南至廣西直隸州界一百七十里北至貴州威寧州界四百五十里知府領同知教授訓導司獄各一附郭為南寧縣知縣領教諭訓導巡檢典史各一巡檢駐白水其山則翠峯青龍終南負金環拱前後水則白石江獨當一面與霑益北來諸水會於城東北南達陸涼羅平而入八達河府北三十里為霑益州古宛溫治知州領學正訓導吏目巡檢各一巡檢駐炎松州四面環山帶水龍華梨山尤著府南一百二十里為陸涼州古同樂治知州領學正訓導吏目各一山則鳳雛木容高出羣峰水則中埏澤合瀟湘諸水匯為東湖府西五十里為馬龍州古律高治知州領學正訓導吏目各一山則多羅中和水則西河九曲流入車洪江地丞碗壽吾氏兩焉府東南二百七十里為羅平州古漏臥治知州領學正訓導吏目各一山則祿布八部鍾山白蠟為藩籬水則塊澤河自舊亦佐縣流入州境會以則江大渡河入八達河府西一百三十里為尋甸州古仁地部迤東道駐劄於此知州領學正訓導吏目巡檢各一巡檢駐易古山則玉屏果馬鳳梧功山遠列屏障而城西一水周廣數里名清水海鉛廠一曰安安知州理之銅廠一曰雙龍知府理之銅廠歲辦京銅萬數千斤礦砂薄劣薪炭倍費府東北二百三十里為平彝縣古平夷治知縣領教諭訓導典史各一龍馬山峙于南清溪洞環于北鉛廠二曰塊澤在縣境曰阜浙在羅平州境皆知縣理之府東北二百三十里為宣威州舊霑益州治知州領學正訓導吏目巡檢各一巡檢駐可渡橋石龍大匾諸山為滇黔交界險阻要塞車翁右繞可渡後踞洵黔蜀之咽喉曲尋之重蔽焉兵制則曲尋協副將駐府城領都司一守備二千總把總外委三十二守城分防兵一千四百一十六又宣威駐參將一領守備一千總把總外委十五守城分防兵六百一十二夷人則有海玀玀乾玀玀狆人黑乾夷苗子皆守榛狉舊俗是郡地接川黔為全滇之鎖鑰作兩迤之門庭而衝途瘠土訟獄繁多惟附郭平疇廣野稍稱沃壤云

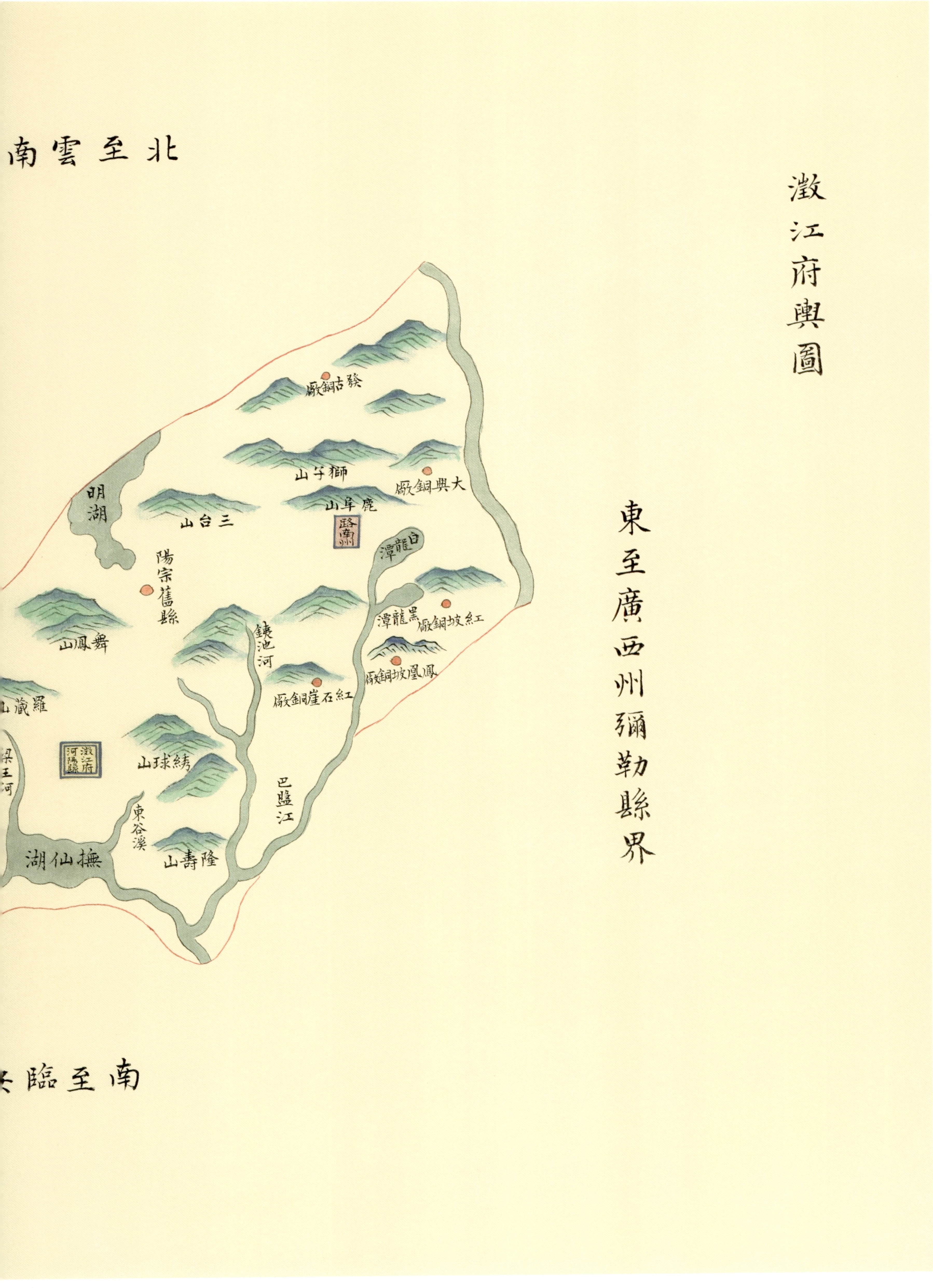
澂江府輿圖
東至廣西州彌勒縣界
北至雲南
南至臨
發古銅廠
大興銅廠
獅子山
鹿阜山
三台山
明湖
路南州
白龍潭
陽宗舊縣
紅坡銅廠
黑龍潭
鏌池河
鳳凰坡銅廠
舞鳳山
紅石崖銅廠
羅藏山
澂江府河陽縣
繡球山
梁王河
巴盤江
東谷溪
撫仙湖
隆壽山

呈貢縣界
雲南府昆陽州界
西至雲南府晉寧州界
鎮爐關
大旗山
大溪河
新興州
連珠山
曲陀關
東山土司
鍾山
面甸關
疊翠山
上河
中河
下河
江川縣
星雲湖
府寧州界

澂江府圖說

澂江府古梁州東南荒裔漢置俞元縣屬益州郡蜀漢屬建寧郡晉增置新興縣唐隸戎州又置牂州旋改牁州隸黔州都督府嗣置西寧州改黎州復置求州天寶末沒於麽些蠻𧼮羅伽甸宋為段氏據改羅伽部元初內附以羅伽部為萬户府旋改萬户為中路又改中路為澂江路明改澂江路為澂江府領新興路南二州河陽江川陽宗三縣

國朝因之康熙八年以陽宗併入河陽府在省會南一百二十里隸迤東道東至廣西州彌勒縣界二百里西至雲南府晉寧州界三十六里南至臨安府寧州界一百二十里北至雲南府呈貢縣界五十五里知府領教授訓導司獄各一附郭為河陽縣古俞元治知縣領教諭訓導典史各一城西北十五里羅藏山脉自鐵爐關来元梁王甞立砦其上又名梁王山高出層霄舞鳳山羣峰展列

如翼即於山麓建府治爲東五里繡毬山又名金蓮山其左爲隆
壽山與城西之朝陽山相拱照水則梁王河自梁王山發源循城
之西東谷溪發源東山谷循城之東納諸水入撫仙湖湖在城南
十里周三百餘里明湖在廢陽宗縣界今屬河陽當府北山後與
撫仙遥相映帶府東一百三十里爲路南州古落蒙部地知州領
學正訓導吏目各一城建於鹿阜山麓有列若三台者曰三台山
有蹲若獅子者曰獅子山水則黑白龍潭流爲巴盤江襟帶城池
而鐵池河環繞於外銅廠五曰鳳凰坡曰紅石崖曰大興曰紅坡
曰發古知州理之府西一百六十里爲新興州古求州治知州領
學正訓導吏目各一城東五里連珠山又歸五星山東南曰鐘山
西北曰大旗山水則大溪河又稱玉溪河經城北折而西納奇黎
金官牟溪密羅諸水灌溉田畝有甸苴曲陀二關其内良田鱗次
桑麻萬家自昔稱爲會城倉廩土司一康熙十九年州民王鳳隨

征以功授土州判駐東山去城三十里領夷寨四十九土練二百一十六以地近魯奎每為賊巢故世其官鎮之府西南九十里為江川縣古絳縣治知縣領教諭訓導典史各一城北有山曰疊翠巔頂出泉居人賴之星雲湖在城南匯上中下三河之水與撫仙湖一綫相通兵制則臨元鎮分駐把總外委各二守城分防兵二百夷人則有黑猓玀白猓玀性雖愚頑實稱淳樸蓋是郡地居腹裏毗連省會沐浴教化淪浹滋深故士敦詩書民勤畊鑿山川之秀甲於他郡人文之興亦蒸蒸日上云

澂江府圖說

澂江府古梁州東南荒裔漢置俞元縣屬益州郡蜀漢屬建寧郡晉增置新興縣唐隸戎州又置牂州旋改舸州隸黔州都督府嗣置西寧州改黎州復置求州天寶末沒於麼些蠻號羅伽甸宋為段氏據改羅伽部元初內附以羅伽部為萬戶府旋改萬戶為中路又改中路為澂江路明改澂江路為澂江府領新興路南二州河陽江川陽宗三縣

國朝因之康熙八年以陽宗併入河陽府在省會南一百二十里隸迤東道東至廣西州彌勒縣界二百里西至雲南府晉寧州界三十六里南至臨安府寧州界一百二十里北至雲南府呈貢縣界五十五里知府領教授訓導司獄各一附郭為河陽縣古俞元治知縣領教諭訓導典史各一城西北十五里羅藏山脉自鐵爐關來元梁王嘗立砦其上又名梁王山高出層霄舞鳳山羣峰展列如翼即於山麓建府治焉東五里繡毬山又名金蓮山其左為隆壽山與城西之朝陽山相拱照水則梁王河自梁王山發源循城之西東谷溪發源東山谷循城之東納諸水入撫仙湖湖在城南十里周三百餘里明湖在廢陽宗縣界今屬河陽當府北山後與撫仙遥相映帶府東一百三十里為路南州古落蒙部地知州領學正訓導吏目各一城建於鹿阜山麓有列若三台者曰三台山有蹲若獅子者曰獅子山水則黑白龍潭流為巴盤江襟帶城池而鐵池河環繞於外銅廠五曰鳳凰坡曰紅石崖曰大興曰紅坡曰發古知州理之府西一百六十里為新興州古求州治知州領學正訓導吏目各一城東五里連珠山又號五星山東南曰鍾山西北曰大旗山水則大溪河又稱玉溪河經城北折而西納奇黎金官牟溪密羅諸水灌溉田畝有甸苴曲陀二關其內良田鱗次桑麻萬家自昔稱為會城倉廩土司一康熙十九年州民王鳳隨

征以功授土州判駐東山去城三十里領夷寨四十九土練二百一十六以地近魯奎每為賊巢故世其官鎮之府西南九十里為江川縣古絳縣治知縣領教諭訓導典史各一城北有山曰疊翠巔頂出泉居人賴之星雲湖在城南匯上中下三河之水與撫仙湖一綫相通兵制則臨元鎮分駐把總外委各二守城分防兵二百夷人則有黑猓玀白猓玀性雖愚頑實稱淳樸蓋是郡地居腹裏毗連省會沐浴教化淪浹滋深故士敦詩書民勤畊鑿山川之秀甲於他郡人文之興亦蒸蒸日上云

廣西州輿圖
曲靖府羅平州界
東至廣南府界
廣南府界
北至曲靖府
南至臨安
息崇山
師宗縣
黑耳菁
壩昂菁
騎鶴山
五洛河菁
普菁
魯克菁
龍泉河
廣西直隸州
渾水江
八達河
蚌別菁
填林菁
邱北縣

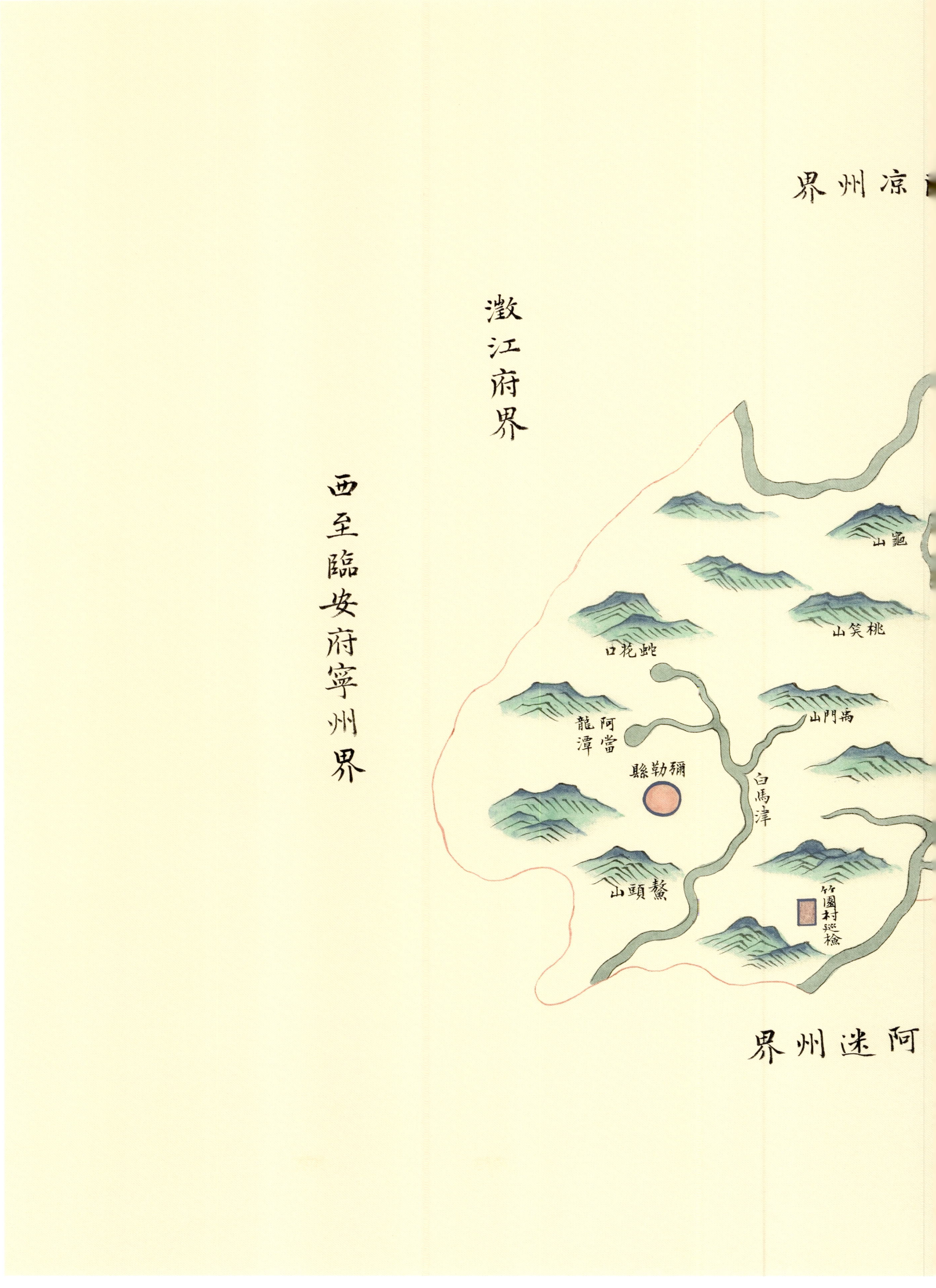
凉州界
澂江府界
西至臨安府寧州界
鼉山
桃笑山
蛇花口
禹門山
阿當龍潭
彌勒縣
白馬津
鰲頭山
竹園村巡檢
阿迷州界

廣西直隸州圖說

廣西州在漢為益州牂牁郡蜀漢屬興古郡晉屬寧州唐為羈縻州宋時析為師宗彌勒二部元隸落蒙萬户府後立廣西路明改路為府設流官領師宗彌勒維摩三州及十八寨所官

國朝因之康熙八年裁維摩州設三鄉縣九年改入師宗州裁十八寨所附彌勒雍正二年移通判駐五嶆八年添設師宗州州同駐邱北乾隆三十五年改府為直隸州改師宗彌勒二州為縣初移五嶆通判屬曲靖府後改屬廣西為五嶆州判以邱北州同為師宗縣丞州隸迤東道在省會東南四百里東至廣南府界三百里西至臨安府寧州界一百三十里南至臨安府阿迷州界二百里北至曲靖府陸涼州界一百八十五里知州領州判學正訓導吏目各一山有騎鶴山州治主之東十五里紫微山又名東華山縣亘五十餘里西則桃笑山龜山髙揷雲表為陸涼路南師宗彌勒

四州縣界水則瀘溪龍泉河會於城東南隅入支脯塘州南一百四十里為五甾州判治州北八十里為師宗縣古匿美甸地知縣領縣丞教諭訓導典史各一縣丞分駐邱北漢民有五鄉八寨夷民有七甾曰黑耳壩昂五洛河普甾魯克皆在渾水江內曰蚌別灞林在渾水江外邱北縣丞治亦有六甾俗以山谷之間狹土為甾也州西九十里為彌勒縣古弭莫徒蠻地知縣領教諭訓導巡檢典史各一巡檢分駐竹園村地則蛇花口兩山夾峙於北鰲頭山一峰特卓於南而阿甾蛇花口兩龍潭水與禹門山之飛瀑三派瀉千丈崖而下會白馬津至城東南四水合流而入八達河其營制則游擊一領守備一千總把總外委十六守城分防兵七百九十七夷人則有阿者玀玀阿蝎玀玀葛玀玀沙人魯兀狢雞阿哂普拉性皆野鄙而淳樸易治惟境毗廣南開化遙通越南雖詩書之教耕鑿之福久安善良而設險保固亦勿容稍踈也

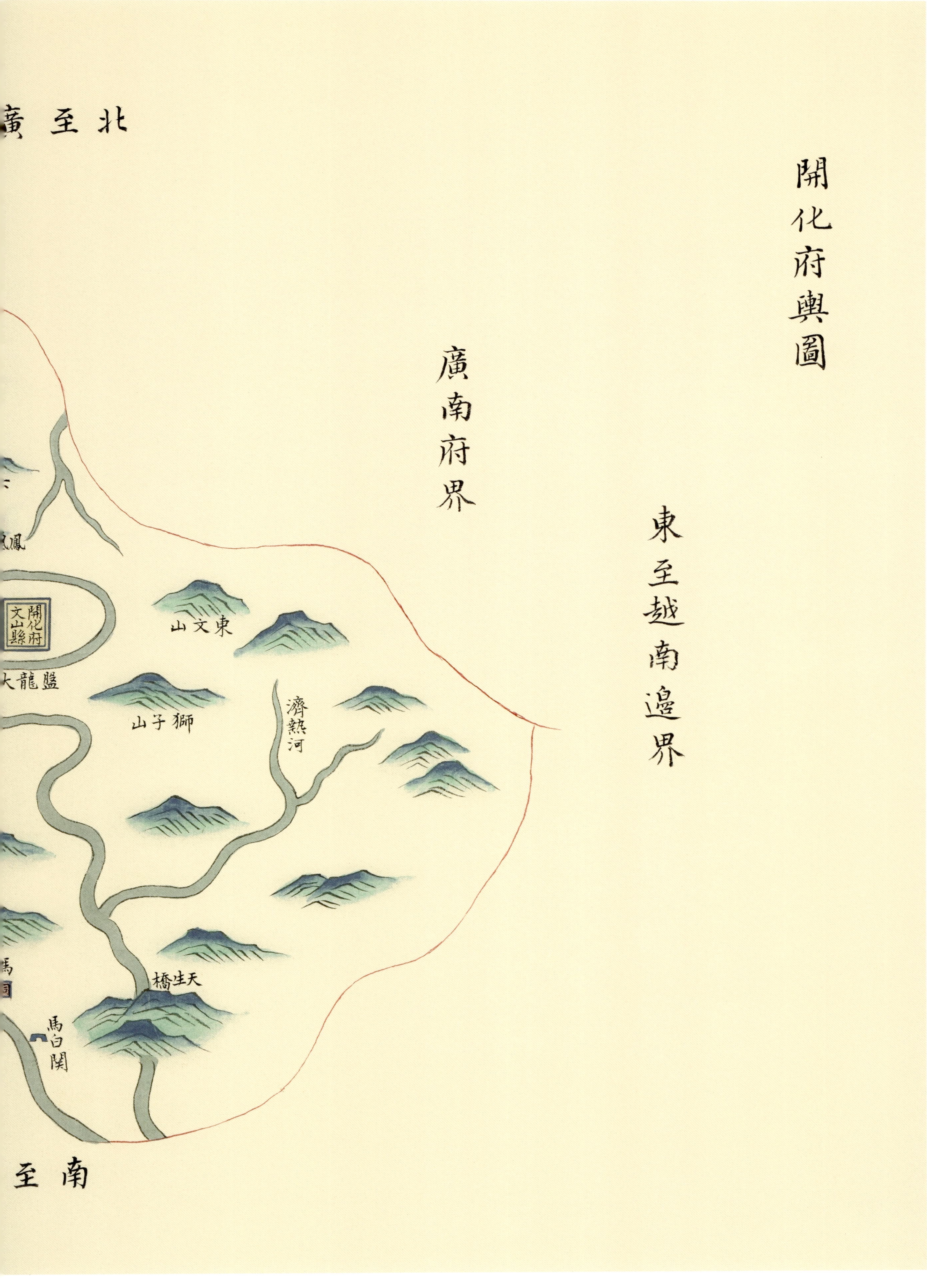
開化府輿圖
北至廣
廣南府界
東至越南邉界
東文山
開化府文山縣
獅子山
濟熱河
天生橋
馬白關
南至

界北邱屬州
廣西州界
西至臨安府蒙自縣界
土經歷
三板橋
橋生天
異龍潭
山石秀
山華西
山洞天
廠金姑麻
界邉南

開化府圖說

開化府古紅夷國漢為句町國邊地壤接交州唐屬越巂郡後南詔蒙氏據之為強現牙車教化三部宋為段氏據後狄青征儂智高寓人龍海基鄉導有功命領其地元時三部隸臨安宣慰司明改強現三部為教化三部與王弄部安南郡並為長官司隸臨安府

國初因之康熙六年既平土賊王朔等以教化王弄安南三長官司地置開化府八年裁廣西府之維摩鄉地分入焉雍正八年置文山縣府隸迤東道在省會東南七百三十里東至越南邊界五百三十里西至臨安府蒙自縣界二百五十里南至越南邊界一百三十里北至廣西州屬之邱北界一百六十里知府領同知教授訓導各一同知分駐馬白附郭為文山縣知縣領典史一城北鳳凰六詔為郡鎮山旋折而西曰西華山橫列三十六峯聯絡如屏

西曰秀石天洞俱在八戛山之前其東爲東文山水有濟熱河
之可解烟瘴異龍潭在其西諸流滙焉引水灌田民咸賴之縣屬
分八里其村寨共一千七百二十有奇金廠一曰麻姑知府理之
去城一百三十里曰三板橋設土經歷一其祖周應龍於康熙十
二年從征吳逆有功授職世襲今九世矣督率土練是其專責而
夷人散處四境亦非土司所能專轄營制則總兵一中營游擊一
左右營都司二三營守備三千總把總外委四十八守城分防兵
二千三百二十夷人有舍武鼻素普剽水擺夷旱擺夷阿蠻孟烏
腊欲山車普岔花土獠腊歌普列阿戛白濮喇黑土獠阿度白猓
玀交人阿成阿猓種類繁多其俗畧同此郡昔時夷多於漢風氣
淳龎今則流寓者衆漸習繁華而詩書漸摩風聲日遠夷人列膠
庠稱儒雅者往往而有至於接壤越南在在險要雖外藩臣服恭
順而防邊之法不可以少懈也

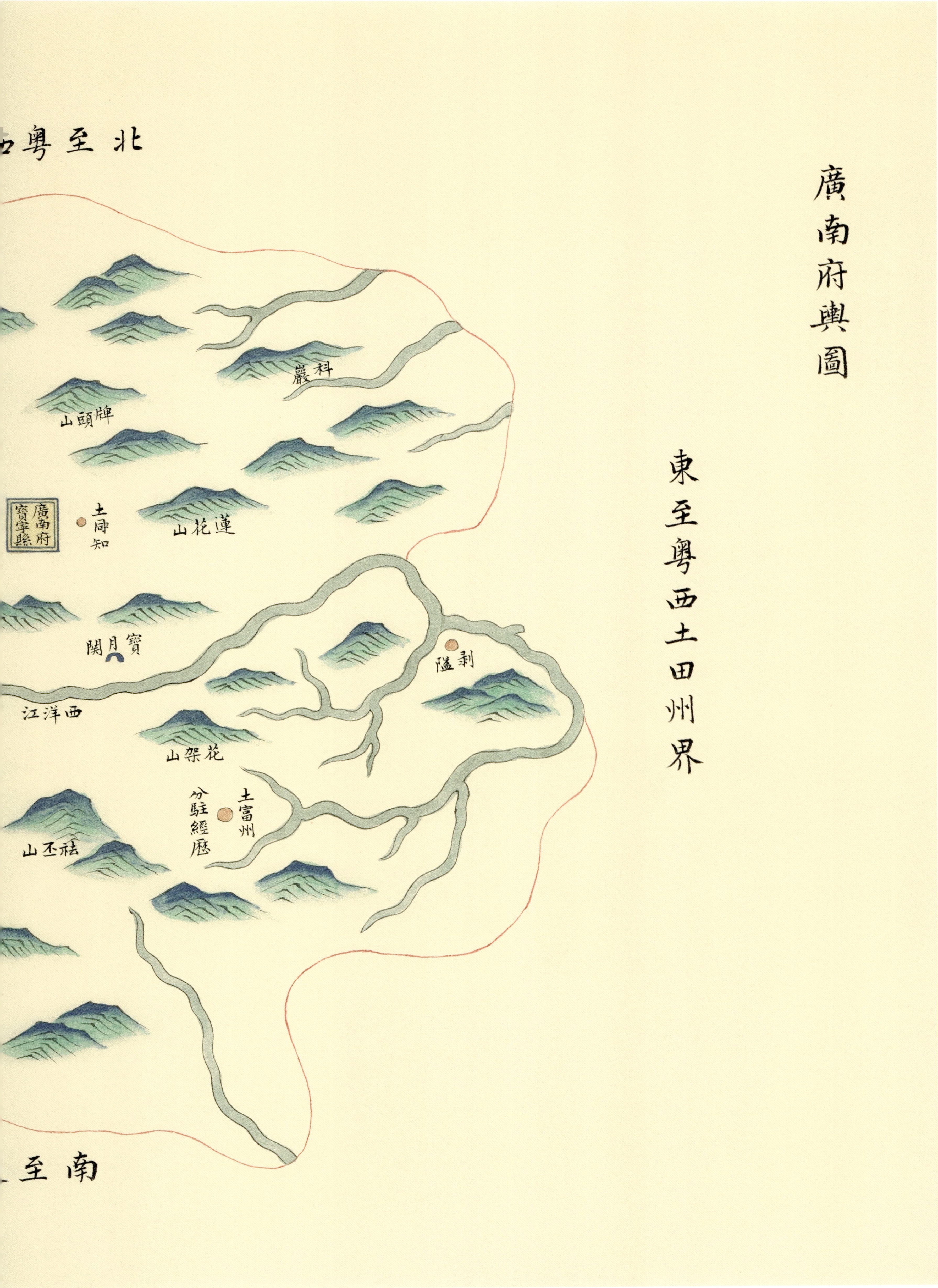
廣南府輿圖
東至粵西土田州界
北至粵
南至
科嚴
牌頭山
廣南府
寶寧縣
土同知
蓮花山
寶月關
剥隘
西洋江
花架山
土富州
分駐經歷
祛丕山

西隆州界
廣西州界
西至開化府界
開化府界
木王山
板郎山
紅石岩
阿紀得汎

廣南府圖說

廣南府古徼外荒服地宋皇祐間儂智高作亂狄青征之追至科巖智高敗死其裔居此曰特磨道元至元間立廣南西路宣撫司領路城等五州後併路城上林羅佐三州別為来安路廣南惟領安寧富州明洪武間改援廣南土知府裁安寧州入府領州一

國初開滇儂鵬投誠仍授土知府十八年設流官知府儂氏改授土同知職其富州仍為土知州康熙八年裁廣西府之維摩鄉分入廣南府府隷迤東道在省會東南八百五十里東至粤西土田州界四百三十里西至開化府界二百二十里南至越南界五百二十里北至粤西西隆州界二百里知府領教授訓導經歷各一經歷分駐土富州附郭為寶寧縣知縣領典史一舊無城郭洪武間樹木為栅周四里有奇今易以磚石其山則發脉于蒙自目則山迤邐而南過廣西州之五嶆邱北東入府境為花架祛丕諸山土

富州治在馬北出阿紀得紅石岩至平關陂為府治蓮花牌頭諸山列為屏障城南有寶月關一人守險萬夫莫入又南為西洋江源出板郎速部木王三山三流相合東經富州西北又東南入土田州界注于右江營制則參將一領守備一千總把總外委十七守城分防兵八百六十七夷人則有儂人沙人僰夷獛喇土獠或十餘家數十家為一寨合一二十寨為一大寨儂人之大寨名曰牛其種有四十八牛皆屬于土同知嘉慶二年從勒黔苗頗著勞績府境民物蕃庶川楚黔粵貧民往来雜處租山種植久亦相安夷性馴悍不一自設官建學以来夷人子弟亦知讀書有列庠序者矣接壤越南恭順向化界以河不敢私入內地邊境尚稱寧謐而防範要不可疎云

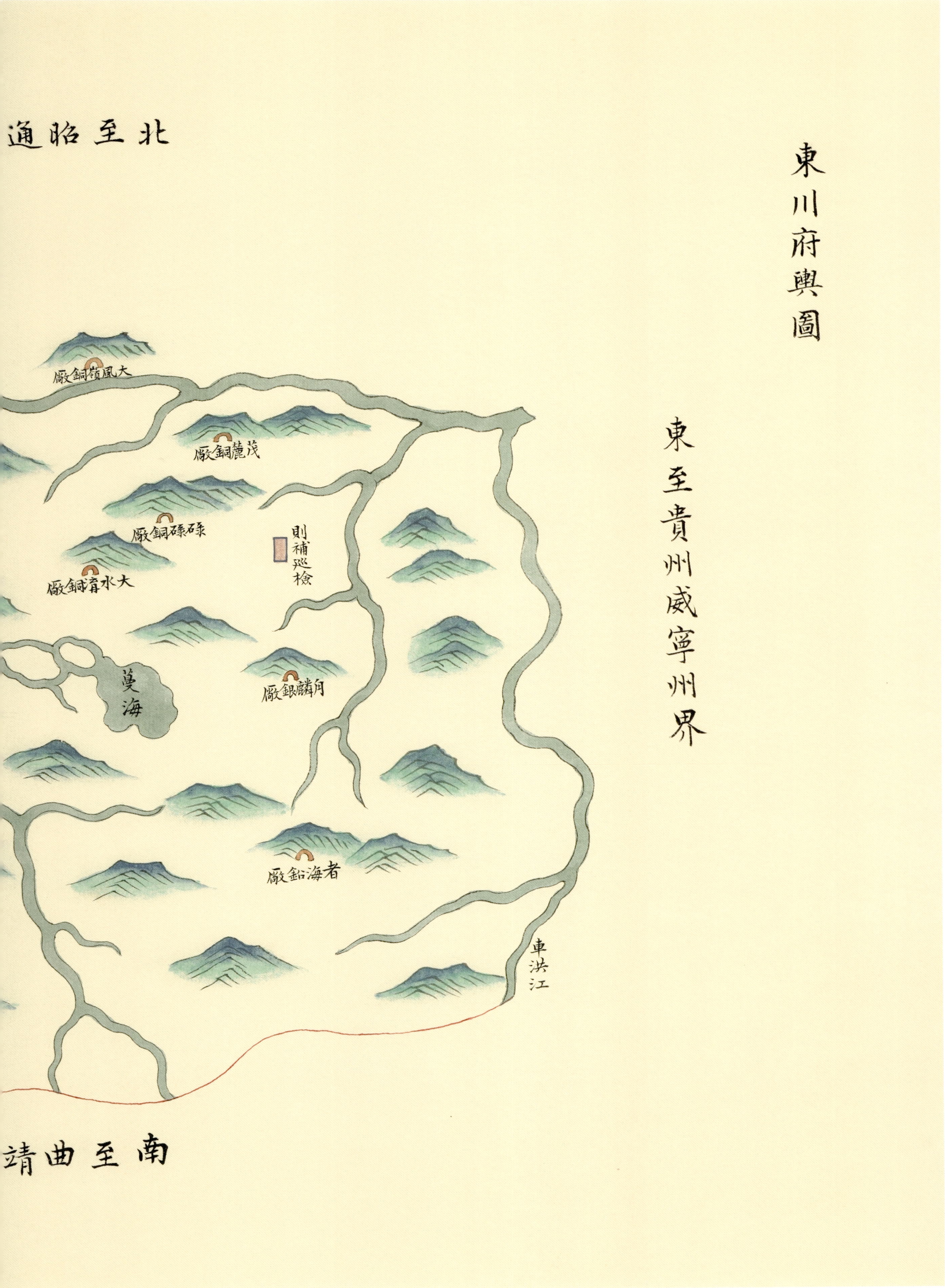
東川府輿圖
東至貴州威寧州界
北至昭通
南至曲靖
大風嶺銅廠
茂麓銅廠
碌碌銅廠
大水溝銅廠
則補巡檢
蔓海
角麟銀廠
者海鉛廠
車洪江

四川界
金沙江
甸廳界
棉花地銀廠
巧家同知
巧家營
西至四川寧遠府界
湯丹銅廠
紫牛坡銅廠
以里河
會澤縣
金牛銀廠
待補巡檢
小河
武定州界
尋甸州界

東川府圖說

東川府古荒服地漢置堂琅縣屬犍爲郡後漢屬犍爲屬國都尉蜀漢分犍爲立朱提郡又爲堂狼縣唐爲南詔蒙氏據置東川郡宋爲段氏據置東川大都督烏蠻閟畔强盛自號閟畔部元初内附置萬户府後改閟畔軍民總管府隸烏撒烏蒙宣慰司旋立東川路明洪武間開滇土酋祿魯祖歸附授東川土知府隸雲南尋叛平之改東川軍民府隸四川仍未置流官

國初囙之康熙三十八年始改土設流雍正四年改歸雲南隸迤東道五年置會澤縣府在省會北五百三十里東至貴州威寧州界二百里西至四川寧遠府界三百里南至曲靖府尋甸州界二百六十里北至昭通府魯甸廳界一百六十里知府領教授經歴各一附郭爲會澤縣知縣領典史一巡檢二一駐待補一駐則補初縣駐巧家旋改附郭其地山多田少山自武定雪山分支水自嵩

明秀崧發源由金沙江曲折環抱最為險要城北蒡海長二十餘里五六月積雨則泛濫四溢田畝俱苦水害後濬河三道洩水歸以里大河又開馬鞍山前小河便蓄洩田畝方資灌溉銀廠二曰金牛曰甪麟鉛廠一曰者海皆知縣理之銅廠一曰紫牛坡知府理之府西北二百八十里為巧家廳嘉慶十六年添設同知分縣屬向化歸治善長三里歸同知管轄建城於魯木得距巧家三十里跬步皆山城西即金沙江江外為四川會理州界銀廠一曰棉花地銅廠五曰湯丹碌碌大水溝茂麓大風嶺皆屬知府管理東川歲辦京銅三百數十萬而各廠開採日久衰旺不時每資腋湊營制則叅將一領守備一千總把總外委二十一守城分防兵一千一百八十九夷人則有披沙玀玀乾人獛喇土獠其俗質樸而風氣稍悍地勢高於省城作北門之鎖鑰內擁江山外連黔蜀五金之產畢集五方之民鶩聚治之蓋不易易云

昭通府輿圖
北至四川
東至四川永寧縣界
南至貴州
貴州畢節縣界
鎮雄州
威信州判
黑墩河
安泥河
母享巡檢
馬鞍山
烏通山
牛街知事
白水江
白水江
洛甸河
綽紐山
苴蚪河
彝良州同
洛澤河

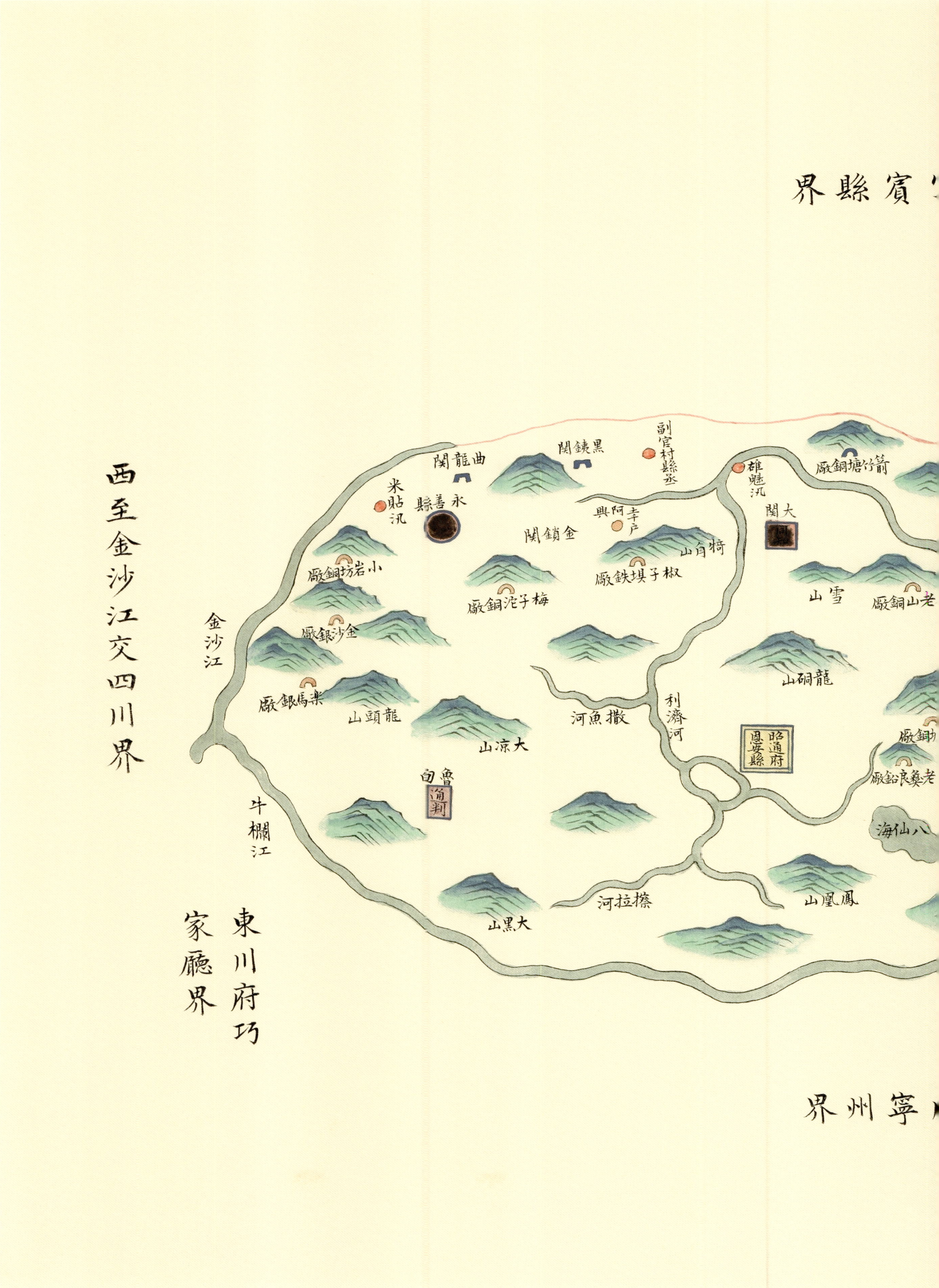
賓縣界
西至金沙江交四川界
東川府巧家廳界
寧州界
金沙江
牛欄江
曲龍關
黑鐵關
副官村縣丞
米貼汛
永善縣
雄魅汛
大關
金鎖關
椅自山
箭竹塘銅廠
小岩坊銅廠
梅子沱銅廠
椒子壩鐵廠
雪山
老山銅廠
金沙銀廠
龍硐山
樂馬銀廠
龍頭山
大涼山
撒魚河
利濟河
昭通府恩安縣
魯甸通判
老彝良鉛廠
八仙海
鳳凰山
搽拉河
大黑山

昭通府圖說

昭通府古竇地甸漢為牂牁郡唐為烏蒙部宋封阿杓為烏蒙王
元初內附置烏撒路初為軍民總管府改宣撫司復改烏撒烏蒙
宣慰司以芒部路屬焉明改烏蒙府以芒部路為芒部軍民府隸
四川嘉靖間改為鎮雄軍民府始隸雲南尋歸四川
國初因之雍正五年改土歸流復隸雲南為烏蒙府改鎮雄為州八
年移府城于二木那地改名昭通府隸迤東道府在省會東北九
百二十里東至四川永寧縣界七百二十里西至金沙江二百八
十里南至貴州威寧州界五十里北至四川宜賓縣界六百四十
里知府領教授經歷知事各一附郭為恩安縣知縣領典史一城
西有擦拉河源出魯甸大黑山會撒魚利濟二河水由大關入川
江東匯諸溪曰八仙海山有龍硐鳳凰列如屏障府北一百八十
里為大關廳古烏蒙下方地雍正六年設通判駐之九年改通判

為同知領知事一又於鹽井渡設巡檢一巖疆險要為一郡藩籬雪山在廳東南六十里林木蓊蔚積雪經年不化犄角山層巒聳翠中有猿狖天久雨聞啼聲即晴水則南受恩安歷雄魁汎會鎮雄白水江達鹽井渡以入川銅廠二曰人老山箭竹塘鐵廠一曰梆子壩同知理之府西南五十里為魯甸廳本祿萬福舊地雍正九年移通判駐之領巡檢一牛欄江環其右大涼山峙于北大黑龍頭二山東西拱列銀廠一曰樂馬通判理之府東四百二十里為鎮雄州即芒部地知州領州判州同學正吏目巡檢各一於彝良駐州同於威信駐州判於母享駐巡檢乾隆四十八年移改麗江府知事為昭通府知事分駐牛街州城之北烏通山巍然獨峙高入雲端如人翹首獨立為州巨鎮綽紐馬鞍二山雄峙東北水則洛甸河匯妥泥黑墩苴蚪諸水西有洛澤河合威寧細流又有白水江伏流北下經牛街以達川銀廠一曰銅廠坡銅廠一曰長

發坡鉛廠一曰老彝良俱知州理之府西北二百二十里為永善縣舊名米貼與川省土司隔江接壤知縣領教諭巡檢典史各一雍正六年遷縣治於臺都改副官村巡檢為縣丞三關設險一水重環江外少溪瀆引箐水以資灌溉銀廠一曰金沙銅廠二曰梅子沱曰小岩坊知縣理之營制則總兵一轄四營恩安中營魯甸前營大關左營永善右營游擊守備各四千總把總外委六十六守城分防兵三千三百二十二又鎮雄駐參將一守備二千總把總外委二十守城分防兵九百四十亦屬總兵官轄康熙五十四年土夷安永長化諭苗蠻有功授阿興土千戶隸四川屏山雍正六年米貼土婦祿氏吞都土酋德昌叛永長擒德昌德昌土舍木谷四哥殺永長子天柱龍職改隸永善乾隆四十九年清查土司永善縣請將千戶世職改為六品武土官俟龍替時追繳印信嘉慶二十一年永善縣復核所轄土衆十倍於前沿江撒水壩賴其

堵禦請仍以原銜襲勿替夷人則有花苗黑苗紅苗青苗沙兎愚

黠不一而外来寄籍尤多其地瘠而寒宜蕎麥其俗勤儉而獄訟

繁多至於境接川黔山川奥折實為東北之重鎮滇省之鎖鑰云

大理府輿圖
永北界
東至楚雄府姚州界
北至麗江
南至蒙
金沙江
弥苴江
鄧川州
雲龍山
上関
大理府
洱海
趙州
定西嶺
白岩瞼江
孔明鉄柱
雞足山
賓川州
鍾英山
九鼎山
雲南縣
周官此海
土縣丞
青龍海
弥渡
通判
土主簿

鶴慶州界
罷谷山
芘碧湖
浪穹縣
鳳羽山
西至永昌府保山縣界
潞江
浪滄江
沘江
雲龍州
下流即漾濞江
三崇山
大功銅廠
金泉塩井
白羊銅廠
永昌府永平縣界
廳界

大理府圖說

大理府楚莊蹻王滇故地漢元封中滇王降以其地為益州郡改封白飯王之裔仁果為王號白子國唐貞觀間張樂進求遜國于蒙氏遂為蒙氏地與元初始改號大理宋為段氏地仍其號元置大理路總管府以段氏為總管明改大理府

國朝因之隸迤西道迤西道即駐劄於府府領州四縣三在省會西八百九十里東至楚雄府姚州界二百八十里西至永昌府保山縣界六百八十里南至蒙化廳界七十里北至麗江府鶴慶州界一百五十里知府領教授訓導司獄各一通判一通判分駐彌渡附郭為太和縣古葉榆治知縣領教諭訓導典史各一府城在點蒼山麓山在縣西自北而南綿亘百餘里高六十里雖盛夏積雪不消十九峯橫列如屏峯各夾澗注為十八溪縣東五里有洱海即葉榆水亦名西洱河廣二十里長百餘里源出浪穹罷谷山由

鄧川入縣境納十八溪之流為巨浸繞蒼山背會漾濞以達浪滄江城南有下關一名龍尾關城北有上關一名龍首關為郡南北鎖鑰洵天設之險府南六十里為趙州古趙瞼地知州領學正訓導吏目各一土巡檢一駐定西嶺嶺在州西南四十里峻險為迤西要隘東南有白岩瞼江澧社江之源出焉又南九十里有鐵柱相傳諸葛武侯擒孟獲于此立以紀功無文字可攷府東南一百四十里為雲南縣漢元狩中彩雲見于其地因立為縣知縣領教諭訓導典史各一城西北九鼎山九峯並峙簇若青蓮水則周官丠青龍二海瀠洄曲折灌溉賴之土司二一土縣丞一土主簿府北八十里為鄧川州古鄧瞼詔地知州領學正訓導吏目各一州之巨鎮雲龍山翠嶂層分聳入天表水則彌苴江環州如帶綠玉池色如碧玉直達洱海府北一百一十里為浪穹縣古浪穹詔地知縣領教諭訓導典史各一西南有鳳羽山罷谷山在城北茈碧

湖諸水皆出於下即洱水源也土司五土巡檢四土典史一府東
北一百二十里為賓川州古遂久治知州領學正訓導吏目各一
鍾英山奔涌而来為州治所託西百里有雞足山佛刹蔵多傳為
迦葉傳衣處金沙江繞其東北或以為即古若水府西五百里為
雲龍州古嶲唐比蘇二縣治知州領學正訓導吏目各一鹽課大
使一州治幅員較他州縣為廣三崇峙其西泚江繞其東浪滄怒
江諸水俱經其境銅廠二曰白羊曰大功歲辦京銅數十萬知州
理之鹽井一曰金泉大使理之土司四土巡檢一土千總二土把
總一營制則提督駐府城轄三營中營參將左右營游擊各一守
備三千總把總外委五十八守城分防兵一千九百一十又城守
營都司守備各一千總把總外委十七守城分防兵八百有二夷
人則有摩察蒲蠻㟤昌猓玀黑玀玀白玀玀散居各寨並畊作守
拙大理為蒙段舊區夙稱沃壤山川靈秀人物蔚然而商賈輻輳

甲於他郡亦滇中一大都會也

麗江府輿圖

東北四川巴塘界
四川界
東至永北廳界
南至大理
大理府賔川州界
金沙江
格咱山
翁書山
中甸
同知
泥西山
落水海
安南銀廠
麻康金廠
石門關
雪山門關
東山
象山
雪山
麗江府
麗江縣
金沙江
九河關
邱塘關
漾工江
建和山
黄山
霞釜山
劍川州
劍湖
鶴慶州
腰江
龍華山
弥沙井
西湖
象眠山
河底鉄廠

西北蒙番界
塔城關
蒙番界
梭石山
太乙山
溜筒渡口
怒人村寨
栗地坪
西至狘江外夷界
狘江
怒江
蘭州土舍
廻龍銅銀廠
老君山
麗江井
浪滄江
下流即潞江
大理府雲龍州界
浪穹縣界

麗江府圖說

麗江府古荒服漢置邪龍定莋二縣唐越析詔據之并於蒙氏置麗水節度厥後鄭買嗣楊干貞段思平先後相奪而據於麼些蠻醋醋元時内附置麗江路宣撫司明改麗江軍民土府

國初因之雍正元年改設流官知府乾隆三十五年改鶴慶府為州並所屬劍川州及新設麗江縣並隸之府隸迤西道領同知通判各一州二縣一同知分駐中甸通判分駐維西府在省會西北一千二百四十里東至永北廳界二百二十里西至猍江外夷界一千一百九十里南至大理府浪穹縣界一百四十里北至四川巴塘界七百六十里知府領經歷教授訓導各一鹽課大使一附郭為麗江縣知縣領教諭訓導典史各一其地自石鼓分支入府治山深箐密賴大雪山終年積雪瘴癘潛消人民安居近城有象山東山黃山皆峻嶒千仞有雪山門關有石門九河塔城三關有邱塘關皆入藏通番要路大江二右曰金沙出西藏犁牛山左曰瀾

永昌府輿圖

北至大理
東至順寧府界
南至孟
阿荒山
永平縣
漾濞江
銕索橋
杉木河
杉木和巡檢
浪滄江
博南山
乾海子
寶蓋山
銀龍江
永昌府保山縣
青華海
哀牢山
伏龍山
施甸巡檢
猛淋河
浪滄江
龍陵
同知
鎮康土司
灣甸土司
孟定土府

雲龍州界
西至緬甸界
馬面關
雲喧山
滇灘關
水箐鐵廠
龍川巡檢
龍川江
潞江
沙喇鐵廠
潞江
神護關
龍巃山
阿章鐵廠
大盈江
高黎貢山
騰越州
盞達土司
羅生山
黃草壩金廠
遮放土司
萬仞關
龍川江
潞江土司
猛美山
南甸州判
戶撒土司
巨石關
臘撒土司
芒市土司
隴川土司
干崖土司
猛卯土司
習馬山
南甸土司
布嶺山
襲回
銅壁關
天馬關
邦欠山
漢龍關
鐵壁關
等練山
邦杭山
虎踞關
緬甸界
土司界

永昌府圖說

永昌府古哀牢國漢置不韋縣後漢置哀牢博南二縣嗣又置永昌郡晉屬交州又屬寧州唐初屬姚州都督府後為蒙氏據宋為段氏地元置永昌州後改為府明置永昌衛旋復置府

國朝回之隸迤西道領廳一州一縣二府在省會西一千三百四十五里東至順寧府界一百四十里西至緬甸界五百五十里南至孟定土司界八百七十里北至大理府雲龍州界二百五十里知府領教授訓導司獄各一巡檢二一駐施甸一駐沙木和土司三孟定土知府一鎮康灣甸二土知州附郭為保山縣即不韋舊治知縣領教諭訓導典史各一郡城在寶蓋山麓哀牢九隆諸山環拱前後東有清華海廣二十餘里匯納衆流足資灌溉潞江在城西百里即怒江下游經潞江安撫司治入南海浪滄江在城東北八十里有鐵索橋為往来要津源出吐番東過順寧達車里入南海縣屬土司三魯掌登埂土千總二卯照土目一府南三百六十里為龍陵廳本保山猛弄地同知領巡檢一山憑伏龍水抱猛淋

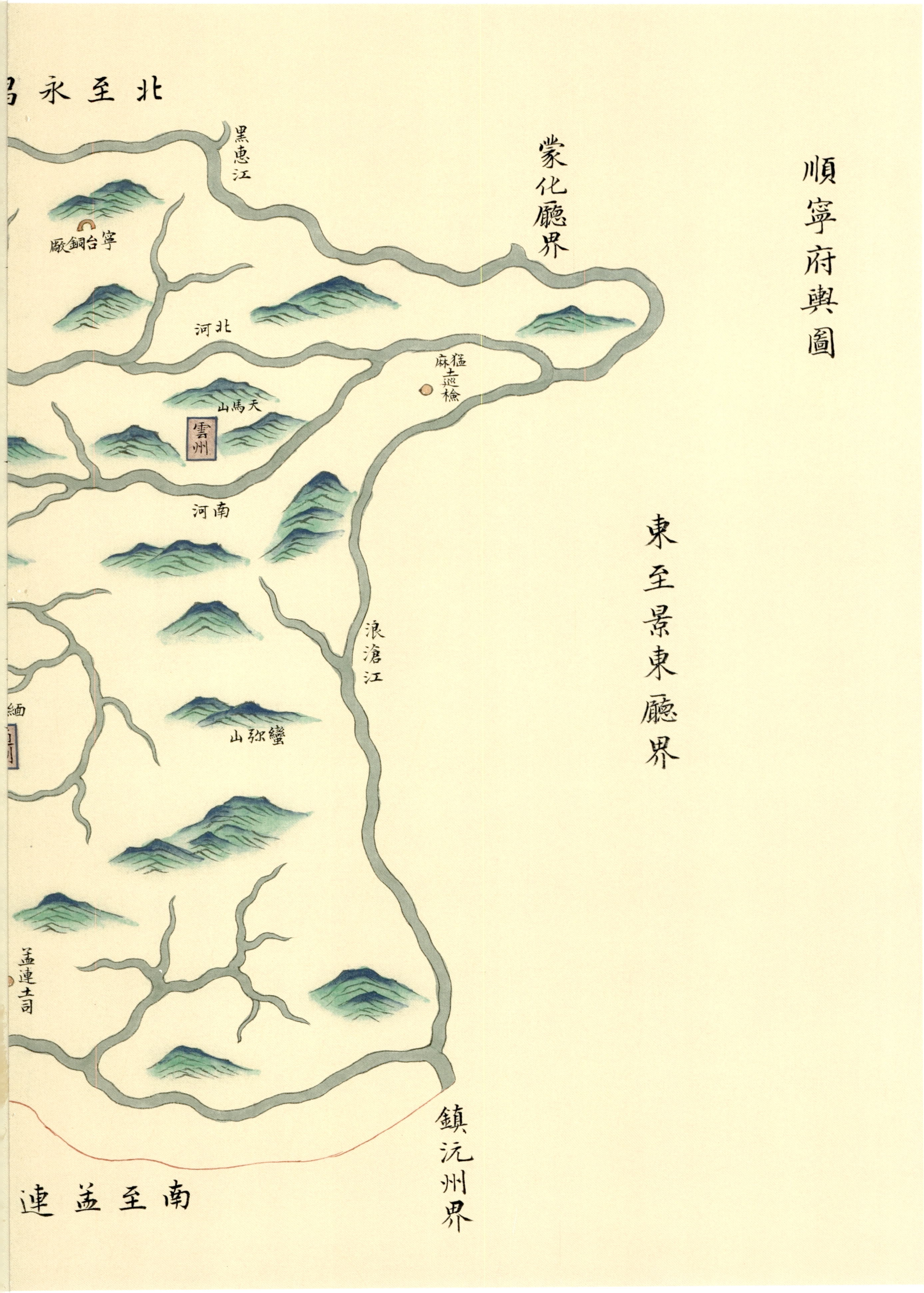

順寧府輿圖
蒙化廳界
東至景東廳界
北至永昌
南至孟連
鎮沅州界
黑惠江
寧台銅廠
河北
猛麻土巡檢
天馬山
雲州
河南
浪滄江
蠻弥山
孟連土司

北而諸流皆匯又東南入九龍江銀廠一曰湧金知縣理之銅廠
一曰寧台知府理之亦或別選員焉府東南一百二十里為雲州
古孟祐地知州領吏目學正訓導各一州城主天馬山蠻彌山在
城南縣亘百餘里尤峻夏秋間山出紫氣曰瘴母遇之傷人南河
發源永昌北河發源順寧皆東流入浪滄江土巡檢一駐城東府
東南三百里為緬寧廳舊屬土司號猛緬乾隆十三年改土歸流
始名緬寧設通判巡檢各一其地跬步皆山界連外域設猛猛土
巡檢一自明季授職迄今九世歲納差發銀孟連宣撫司一其祖
緬酋之子明時潛入孟連四世刀派漢投誠授職至今十九世歲
納耔粒銀耿馬宣撫司一舊隸孟定土府明季破賊有功授職至
今十二世歲納差發銀又管悉宜銀廠納歲課營制則參將一守
備二千總把總外委四十二守城分防兵二千三十二夷人有玀
黑卡瓦小列密利米蒙化夷俗皆淳樸地遠人安足資捍衛云

楚雄府輿圖
北至金沙
武定州界
東至雲南府祿豐縣界
雲南府易門縣界
南至元
龍山
黄龍山
秀春銅廠
黒井提舉
定遠縣
象鼻山
琅井提舉
阿陋井大使
龍川江
九盤山
捨資河
鶴翥山
獅子山
廣通縣
南安州
蟠龍山
鳳凰山
沙甸河
土巡檢
下門山
土革喇銀廠
寨子箐銅廠
香樹坡銅廠

交四川界
金沙江
仙景山
三窠山
黎武山
安豐井大使
香水泉
白井提舉
姚州
白馬山
方山
土州同
筆架山
白馬泉
十八盤山
蒙化廳界
西至景東廳界
普淜州判
蜻蛉河
龍川江
鎮南州
錦囊山
楚雄府
楚雄縣
大河
土州同
苴力舖
白龍河
青龍河
九台山
土州判
土巡檢
碧藏山
馬龍銅銀廠
永盛銀廠
大廠江
碍嘉州判
馬龍江
石羊銀廠
隷州界

楚雄府圖說

楚雄府周為百濮地漢屬益州越嶲二郡晉屬寧州後沒于蠻有

爨酋威楚築城居之因名威楚城唐初屬戎州姚州都督府後為

蒙氏據屬銀生節度宋為段氏地名富筋瞼又改號白鹿部元置

威楚路總管府明改楚雄府

國朝因之乾隆三十五年裁姚安府改姚州及所屬之大姚縣並附

於楚雄隸迤西道領州三縣四府在省會西五百二十五里東至

雲南府祿豐縣界二百里西至景東直隸廳界三百三十里南至

元江直隸州界三百八十里北至金沙江七百一十里交四川會

理州界知府領教授訓導司獄各一附郭為楚雄縣古安州地知

縣領教諭訓導典史各一土縣丞一有緝盜之責無專司地所屬

土司皆然府治在錦囊山之南最高者曰九台山水則龍川江發

源鎮南經府城北與城南之青龍河合流而東至定遠界入金沙

山遠而阿剌甲母卡洗皆為藩籬水則程海在城南周八十里溢
而為草海三道河入金沙江北則五郎河與西卜河會納西来之
清水觀音跕河諸水環城北而西入金沙江勒汲河會瀘沽湖為
永寧巨浸麥架河對那泚河為蒗蕖深淵蓋山川嚴密而三關内
固天險之雄也金廠一曰金沙江近已衰竭銅廠一曰得寶坪歲
辦京銅數十萬同知理之營制則叅將一守備二千總把總外委
二十七守城分防兵九百五十八土司五土知府土知州各一土
州同二土舍一皆有專司地夷人則有西番野西番玀玀僰夷𢇛
境地瘠民貧而皆性情醇樸畊讀是務稱易治云

蒙化廳輿圖

東至楚雄府鎮南州界

界州趙府
永昌府永
平縣界
西至順寧府順寧縣界
漾水
漾水
漾濞江
降龍山
漾濞巡檢
浪滄江
狗街
子山
浪滄巡檢
浪滄江
界州雲府

蒙化直隸廳圖說

蒙化廳古蒙舍詔地唐皮羅閣併五詔迺改為陽瓜州天寶中為
蒙氏地宋段氏置開南縣元初置蒙舍千户後為蒙化府尋改為
路復改為州明初仍為州並置蒙化衛後復改為府始設流官管
府事
國朝因之康熙六年省衛併於府雍正七年裁楚雄之定邊縣附焉
乾隆三十五年改為直隸廳隸迤西道廳在省會西八百二十里
東至楚雄府鎮南州界六十里西至順寧府順寧縣界一百五十
里南至順寧府雲州界二百里北至大理府趙州界九十里同知
領經歷教授訓導各一巡檢三分駐瀾滄江漾濞南澗即舊定邊
縣治其山則棋盤巍寶天耳龍屽獅子五印懸珠降龍伏虎封川
石母類皆層巒疊翠鎮鎖川原水則瀾滄一江源流最遠自永昌
順寧流經廳界歷景東以入車里又漾濞江源有三一出浪穹之

罷谷山經鄧川入洱水西瀉入蒙境爲漾水一出劍川繞點蒼山後南流入蒙境一出西番可跋海歷雲龍南滙蒙境爲漾水三水合流名漾濞江因地險以守分廵檢防之而陽瓜江環繞廳治納諸澗之水尤爲完密土司則附郭土知府一南澗土縣丞一營制則景蒙營分駐右哨千總外委各一兵一百二十夷人則有妙玀玀土獠獛喇沙人蒲蠻僰夷皆安椎魯是廳兩江天限重嶺墉崇形勢險固蓋舊爲蒙氏之區素稱雄部而今則士喜誦讀民務畊桑爲滇西樂土矣

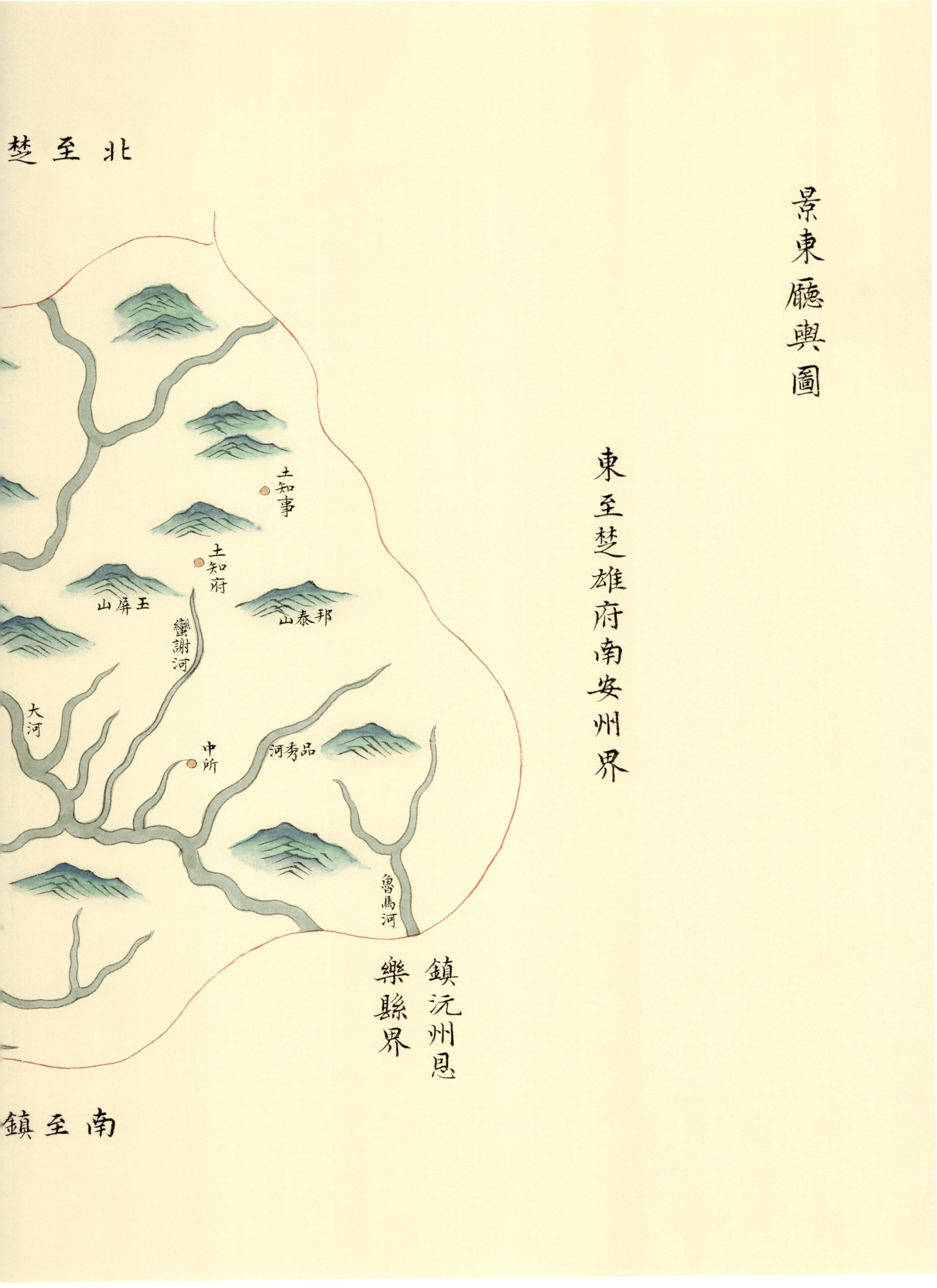
景東廳輿圖
北至楚
東至楚雄府南安州界
南至鎮
鎮沅州恩樂縣界
土知事
土知府
王屏山
邦泰山
鑾謝河
大河
中所
品秀河
魯馬河

府鎮南州界
蒙化廳界
西至順寧府雲州界
土巡檢
土驛丞
戛里江
中川河
板橋河
大窯河
大壩河
東景
直隸廳
無董山
土巡檢
景谷河
猛統巡檢
小井
大井
浪滄江
磨腊井
圈鍊井
磨外井
直隸州界

景東直隸廳圖說

景東廳古荒服地蠻名景董又名柘南漢為昔樸和泥二蠻所居
唐蒙氏立銀生府後為金齒白蠻所奪移府治于威楚元平滇始
得其地置開南州仍隸威楚路明初改為景東土府並置衛嘉靖
間始設流官為景東府
國初因之康熙二十六年省衛併于府乾隆三十五年改為直隸廳
隸迤西道廳在省會西南一千一百八十里東至楚雄府南安州
界一百二十里西至順寧府雲州界二百五十里南至鎮沅直隸
州界二百七十里北至楚雄府鎮南州界一百三十里同知領經
歷教授訓導巡檢各一巡檢分駐猛統廳西九十里有無量山自
北而南緜亘三百餘里崚嶒峻拔險不可上為廳之鎮東有邦泰
北有鶴籠以及玉屏景董諸山紆迴曲折羣峰環抱實為全廳屏
蔽水則中川河發源蒙化所屬之阿克鋪受諸溪之水匯為大河

經廳治折流由中所會魯馬河入鎮沅界為把邊江之上游品秀蠻謝繞于左叟里浪滄環其右而大壩板橋灰窑景谷諸河又環抱廳治惟猛統一河鹽滷藉以滋養實稱地利焉鹽井五曰大井小井磨腊井磨外井圈鐵井皆同知理之營制則景蒙營游擊一守備一千總把總外委十兵五百一十一其右哨千總分駐于蒙化土司五土知府一土巡檢二土知事驛丞各一以佐理土府事夷人有苦葱獛喇黑玀玀白玀玀沿江一帶實繁有徒至稽察約束皆土司分任之事景東古稱猛谷自明隸版圖後漢夷襍處寄籍較多迄今醞釀

醲化狒稱淳雅其土風物產亦與各郡同蓋幅員雖不廣而外衛楚蒙內扼蠻猓形勢最為完密云

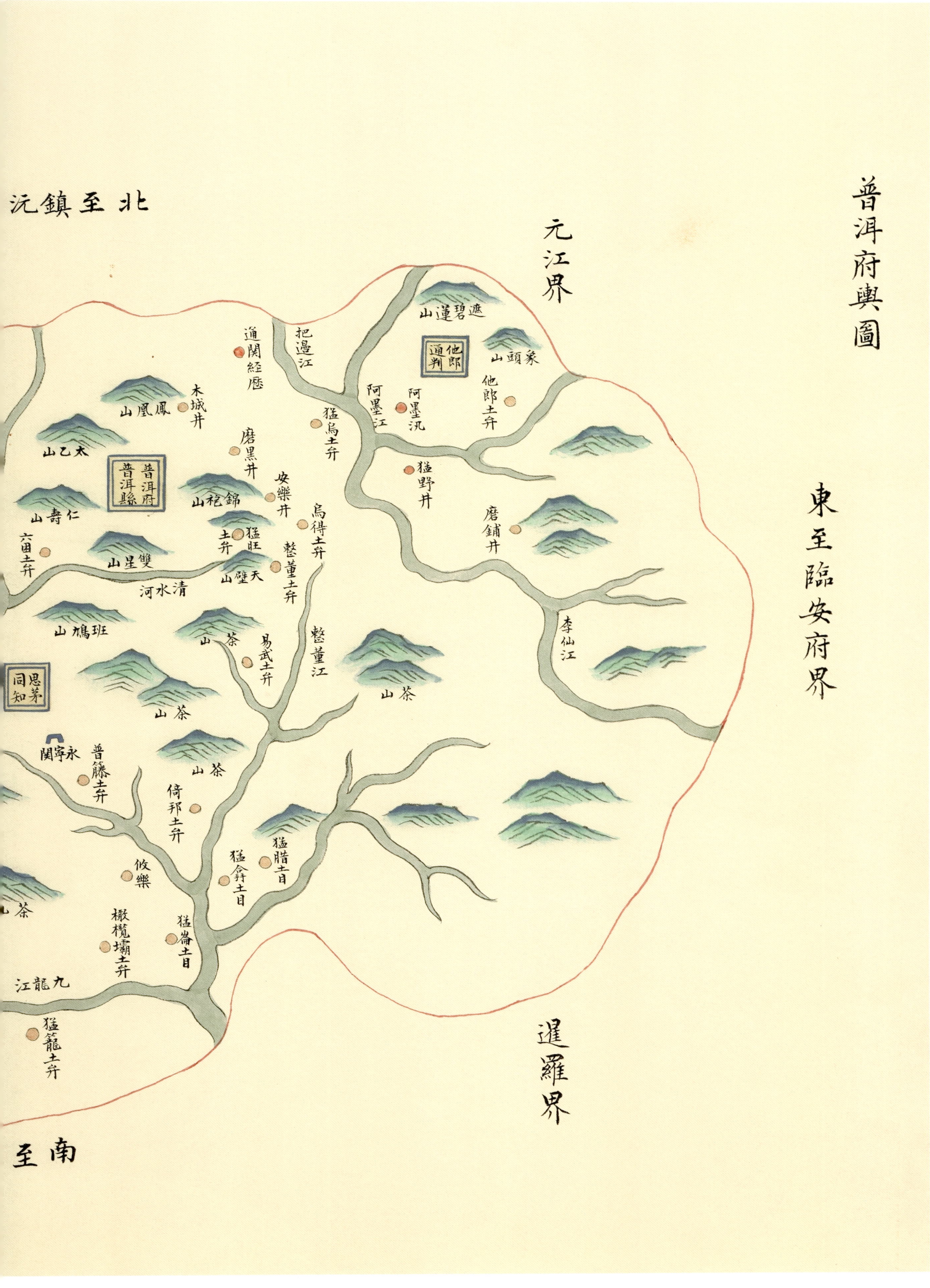
普洱府輿圖
東至臨安府界
元江界
暹羅界
北至鎮沅
南至
遮碧蓮山
他郎通判
象頭山
他郎土弁
阿墨江
阿墨汛
把邉江
通関經歷
猛烏土弁
猛野井
磨鋪井
李仙江
木城井
鳳凰山
太乙山
磨黑井
普洱府普洱縣
錦袍山
安樂井
仁壽山
烏得土弁
猛旺土弁
六亩土弁
雙星山
天壁山
整董土弁
清水河
班鳩山
茶山
易武土弁
整董江
茶山
思茅同知
茶山
永寧関
普籐土弁
茶山
倚邦土弁
猛腊土目
猛酫土目
攸樂
茶
橄欖壩土弁
猛崙土目
九龍江
猛籠土弁

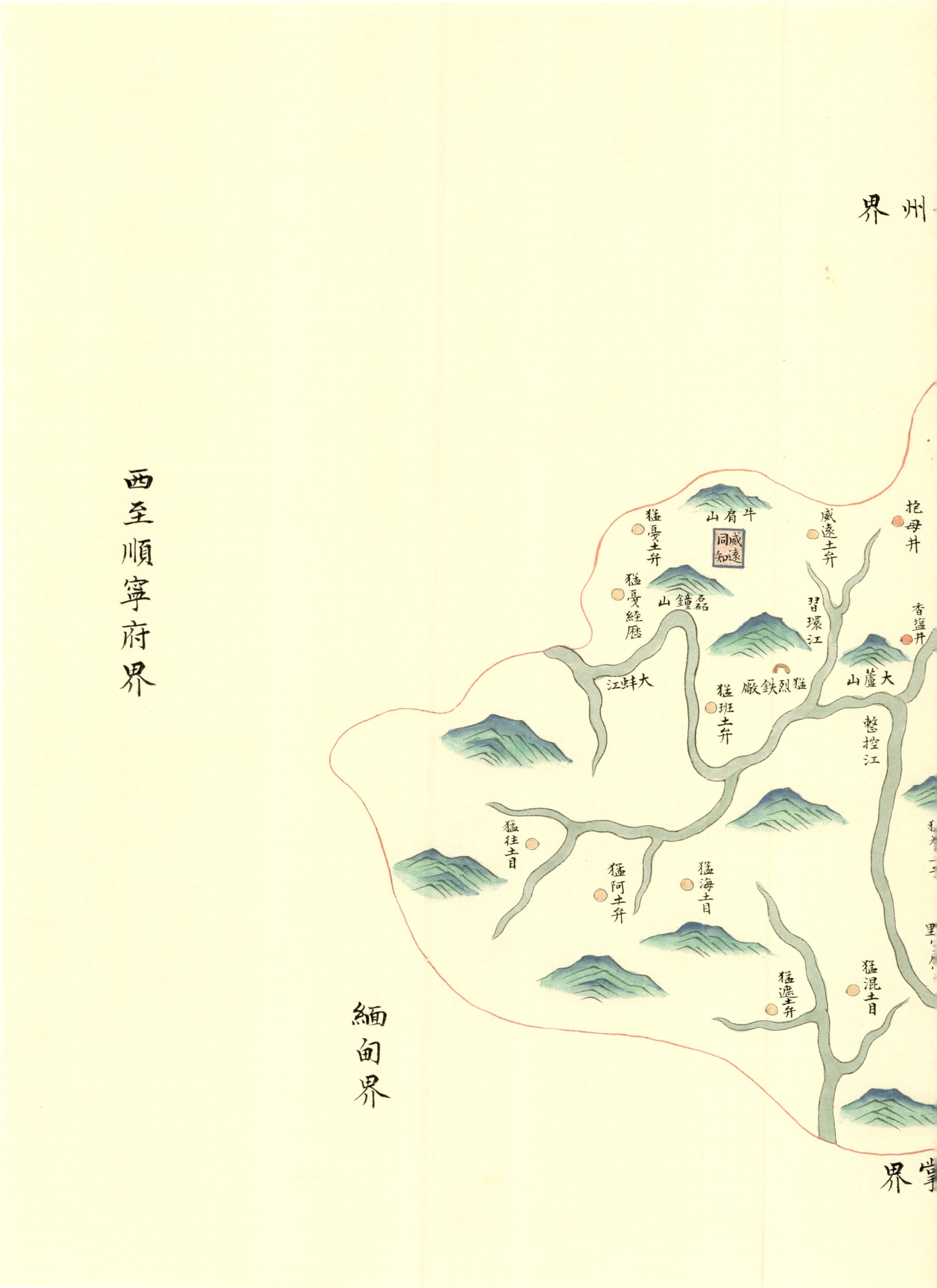
州界
西至順寧府界
緬甸界
牛肩山
威遠同知
猛戞土弁
猛戞經歷
磊鐘山
威遠土弁
抱母井
習環江
香鹽井
大蚌江
猛烈鉄廠
大蘆山
猛班土弁
整控江
猛往土目
猛阿土弁
猛海土目
猛混土目
猛遮土弁
掌界

普洱府圖說

普洱府古西南極邊地歷代未經内附明初開滇土酋那直率屬

来歸屬元江府後為那崑所據

國朝平滇那酋歸附旋叛伏誅編隸元江府以元江府領車里宣慰

司康熙三年調元江府通判分防普洱其車里十三版納仍屬宣

慰司雍正七年裁元江通判以所屬普洱六大茶山及橄欖壩江

内六版納地設普洱府又設同知駐攸樂通判駐思茅其江外六

版納地仍屬宣慰司歲納銀粮於攸樂乾隆元年添設寧洱縣裁

思茅通判改攸樂同知為思茅同知普洱舊隸迤東道三十二年

添設迤南道即駐普洱以府改隸焉三十五年改元江鎮沅二府

為直隸州移元江之他郎通判鎮沅之威遠同知並歸普洱府轄

府在省會南一千七百里東至臨安府界一千四百四十里西至順寧

府界四百四十里南至南掌界一千八十里北至鎮沅直隸州界

山即其麓建州治烏連東躍天馬西騰秉鐘石羅花山樂板列屏
前後水則南别河由里河環繞東南匯為鎮沅河入瀾滄江新撫
那掌左右瀠抱新撫河下流為把邊江即景東河地氣交蒸瘴癘
時發邇亦稍平矣鹽井二曰恩畊知州理之曰按板大使理之州
東北一百二十里為恩樂縣古猛摩地知縣領教諭訓導典史各
一其山鎮曰文筆屏扆鳳山為南北屏障東則蒙樂山峰巒起伏
亘三百餘里南詔僭封為南嶽者也水則魯馬浦麻等河繚繞於
中田畝皆資灌溉營制則千總把總各一外委五守城分防兵三
百八十七受轄於威遠營參將夷人則有白窩泥野古宗是州為
景東元江楚雄普洱之屏翰而風俗淳厚士崇節義土夷各安善
良太平之樂共享無窮也

元江州輿圖

東至臨安府石屏州界

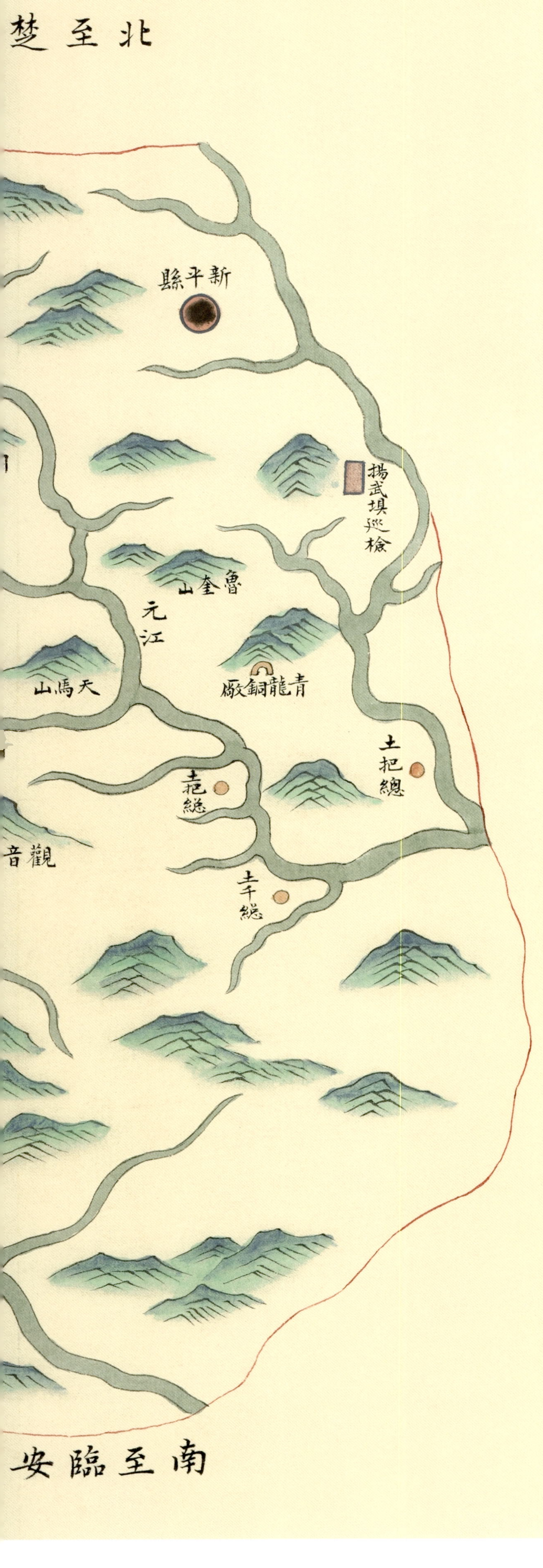

府南安州界
哀牢山
南淇河
因遠山
因遠巡檢
西至普洱府他郎廳界
元江直隸州
寶山
土把總
嵯峨山
土千總
二江口
廝容司界

元江直隸州圖說

元江州古土蠻惠龍甸蒙氏時屬銀生節度後據於蠻元始内附立元江府嗣又為元江路明改元江軍民府領奉化恭順二州

國朝改為元江府裁奉化恭順入焉領車里宣慰司雍正七年分所屬普洱等處地置普洱府車里附之十年改臨安所屬之新平縣入元江設通判駐他郎乾隆三十五年改府為元江直隸州隸迤南道改他郎通判隸普洱新平仍隸州州在省會南七百里東至臨安府石屏州界一百二十里西至普洱府他郎廳界一百二十里南至臨安府虧容司界三百五十里北至楚雄府南安州界二百八十里知州領學正吏目巡檢各一巡檢駐因遠山自哀牢山起因遠至自樂層巒複壁州治建於下西曰寶山南曰觀音山東曰魯奎山嵳峩山天馬山高可千仞水則南淇河自楚雄無量山發源由城北會南麻河入澧社江清水河環抱於内李仙阿墨二

江遠纏於外地勢稱為完固銅廠一曰青龍知州理之土司則土千總二土把總三惟供緝捕差委無專司地州東北一百里為新平縣古平甸地知縣領教諭典史巡檢各一巡檢駐揚武壩縣地山川湊密所憑者高亞泥河東入澧社若特以界石屏新平者銀廠一曰太和知縣理之土縣丞一駐城中營制則參將一領守備一千總把總外委十七兵九百三十二新嶍營游擊一駐新平領守備一千總把總外委十七守城分防兵七百五十五夷人有糯比黑鋪卡惰山蘇性情雖各殊而皆無桀驁之習是州地氣炎蒸田禾兩熟夏秋之間瘴癘特甚觸之傷人且東南隣越南西南接南掌撫綏防範兩者不可闕一云

滇省夷人圖說

Albums and Decriptions of the Ethnic Minorities in Yunnan Province of Qing Dynasty

主编 揣振宇

中國社會科學出版社

图书在版编目（CIP）数据

滇省夷人图说　滇省舆地图说/主编：揣振宇—北京：中国社会科学出版社，2009.4

ISBN 978-7-5004-7689-4

Ⅰ．滇…　Ⅱ．揣…　Ⅲ．少数民族—社会生活—云南省—清代—图解　Ⅳ．K280.74-64.5

中国版本图书馆CIP数据核字（2009）第042208号

责任编辑　郎丰君
责任校对　刘营营
装帧设计　艾　晶
责任印制　李　勤

滇省夷人图说　滇省舆地图说

出版发行	中国社会科学出版社
社　　址	北京鼓楼西大街甲158号　　邮编　100720
电　　话	010-84029450（邮购）
网　　址	http://www.csspw.cn
经　　销	新华书店
印刷装订	北京圣彩虹制版印刷技术有限公司
版　　次	2009年4月第1版　　印次　2009年4月第1次印刷
开　　本	787×1092　1/8
印　　张	33
字　　数	55千字
定　　价	1380.00元

《滇省夷人图说 滇省舆地图说》出版委员会

主　任　郝时远　孟昭宇

委　员　孟昭宇　郝时远　赵剑英　揣振宇　祁庆富　魏　忠
张志刚　曹宏举　马晓光　纪　宏　王　浩　胡　靖

主　编　揣振宇

责任编辑　郎丰君

英文翻译　聂鸿音　郎丰君

前言

在没有照相机留存图像的时代，绘制图册是记录当时民族形象及生产生活习俗的重要手段。清代众多民族图册，「滇夷图」独具一格，自成体例，其中声誉最高、影响最大的当属《伯麟图说》。伯麟（公元1747—1824年）担任云贵总督期间，奉上谕绘制滇省夷人图册。然而，近代以来，《伯麟图说》真面目不为世人所知，被视为「佚书」。

近几年来，研究者发现《伯麟图说》有多种传本存世，其中中国社会科学院民族学与人类学研究所图书馆藏《滇省舆地图说》、《滇省夷人图说》是最早的《伯麟图说》抄本，成书时间在嘉庆二十三年（1818年）。《滇省夷人图说》收图108幅，彩绘，附有伯麟撰写的长达1848字跋文。《滇省舆地图说》55面，收录云南舆图及图说22种，亦彩绘。

以上两部图说是清代中叶形成的历史民族学图像表征文本，是研究民族史、民族学以及清代滇省政治、军事、地理、经济、艺术等诸多领域不可多得的珍贵史料。为保持历史文本之神韵，本书除前言及考证文字用简化汉字直排编校外，其他部分皆按原作风貌照排出版，故书中涉及的少数民族称谓亦一仍其旧，未作改动，以期为学界提供研究之便。翻开此书，关心清代云南民族历史文化者便可一睹《伯麟图说》之真容。

Foreword

During the times before cameras were inverted, compiling albums and descriptions was an important medium to record the images and living customs of national minorities. Among numerous albums of national minorities compiled in the Qing times, *Bolin Tushuo* 伯麟图说 proves to be the most famous and influential in the *Dianyi Tus* 滇夷图 with their special and unique styles. Under the order of the emperor, *Bolin Tushuo* was drawn by Bolin 伯麟 (1747-1824) during his tenure of the governor of Yunnan and Guizhou, but its original has been unknown so far and was even treated as a lost book by the academic realm.

In the recent few years, scholars found that there still exist some manuscripts of the Bolin Tushuo, in which the earliest were the manuscripts of Diansheng *Yiren Tushuo* 滇省夷人图说 and Diansheng *Yudi Tushuo* 滇省舆地图说 completed in the year 1818 and now preserved in the Institute of Ethnology and Anthropology, Chinese Academy of Social Sciences. The former includes 108 colored drawings and a comment of 1848 characters written by Bolin, whereas the latter includes 55 colored maps and descriptions concerning Yunnan Province.

As the historical-ethnological representation images come into being in the middle of the Qing times, the two albums and descriptions are rare and precious materials for the study of the ethno-history and ethnology fields, and also that of the politics, military, geography, economy and arts in Yunnan province of the Qing Dynasty. In order to preserve its romantic charm in the historical times, this book provides a photomechanical edition of the original except the foreword and commentaries. For the reference of academic researches, the nomenclatures of minority tribes presented here are followed the original without any revisions. By this book in hand, the original of Bolin Tushuo will present itself before the eyes of the readers who may concern with the history and culture of Yunnan province in the Qing times.

关于《滇省夷人图说 滇省舆地图说》之考证

祁庆富 揣振宇

一、滇夷图 正名

在没有照相机留存图像的时代，绘制图册是记录当时民族形象及生产生活习俗的重要手段。清代滥觞的「苗蛮图」又称「百苗图」，在西人著述中，习称「苗图」(Miao albums, Miau albums, Miao-tze Albums)，是研究少数民族历史文化的一份宝贵遗产。作为清代南方各种有关少数民族图册的泛称，「苗图」中也包括云南少数民族。「苗蛮图」的名称，发端于贵州，又叫「黔苗图」。由于清代「苗疆」的特殊地位，「苗」成为西南少数民族乃至整个南方少数民族的泛称。近年来，国内外研究著述中，把清代各种少数民族图册统称为「百苗图」、「苗蛮图」或「苗图」。然而，清代云南民族图册，大多题名中或称「外苗」，或称「百蛮」，以示与「黔苗」之区别。最常用的是「滇省夷人」，省作「滇夷」。清代云南民族图册不是受贵州影响产生的，其出现远早于「黔苗图」，形成独具特色的绘制风格。因而，用「百苗图」、「苗蛮图」、「苗图」指称云南少数民族图册是一种谬误，应当重新正名：「滇夷图」是与「苗蛮图」并行的清代云南少数民族图册。

图一 《南诏图传》（局部）夷人图 李昆声主编《南诏大理国雕刻绘画艺术》，云南人民出版社，1999年，第189页。

云南「夷图」源远流长。至今传世的《南诏图传》（又称《南诏中兴画卷》）原作绘于南诏舜化贞中兴二年（唐昭宗光化二年，即公元899年），是有宝贵价值的民族史图画。画卷中描绘了彝族、白族及其他少数民族先民的人物形象。[一]《南诏图传》既有图，亦有解说文字，可以说是年代最早的一部存世「滇夷图」。明初，有《云南诸夷图》刊本流传，「岁久漫漶」。明仁宗宣德六年（1431年）云南左布政使殷序主持，由黔国公沐晟（1368-1439年）「重锓诸梓」，前有巡抚御史闽杜琮作序。[二] 这应是一本名副其实的「滇夷图」。据明人张萱等编《内阁藏书目录》卷七记载，明万历二十三年（1595年）云南巡抚大中丞陈用宾修撰《云南诸夷图说》二册。[三] 这两本图册原本可能不再存世，但对清代滇夷图的绘制，产生过重大影响。

清代最有影响的少数民族图册，是乾隆时期官修的《皇清职贡图》，描绘了清朝鼎盛时期邦交国家、藩属国家民族以及国内藩部、土司和边地少数民族之人物状貌、服饰和生活习俗，以表现「寰宇一统」的盛世景象。图册包含国内外族类名目300余种，以男女分别600余幅，并有文字解说，堪称18-19世纪世界民族图像大观，也是清朝统一的多民族国家的缩影。[四]

据台北故宫博物院藏《宫中档乾隆朝奏折》，乾隆十六年十一月十七四川总督策楞奏折称：乾隆十五年八月十一，大学士傅恒向策楞传达上谕：命将所知「西番、猓猡男妇形状，并衣饰服习，分别绘图注释」[五]。绘制工作全面铺开是在乾隆十六年（1751年），四库本及刊本《皇清职贡图》卷首载「乾隆十六年六月初一日大学士忠勇公臣傅恒奉上谕」，命各地都抚绘图送呈军机处。

《皇清职贡图》原本是长卷彩绘本。在完成彩绘正本的同时，还绘了两部副本。今正本已不存，北京故宫博物院尚存一部内容完整的嘉庆年间绘制的副本。[六] 台北故宫博物院藏一部完整的谢遂摹绘本，原藏避暑山庄。[七] 由这二种本可窥彩绘正本之真面目。乾隆时期，除彩绘本外，还有两种白描本。一是乾隆四十三年（1778年）八月完成的《四库全书》写本，一是完成于乾隆五十四年武英殿刊本。这两种白描本，都是彩绘正本的摹本。

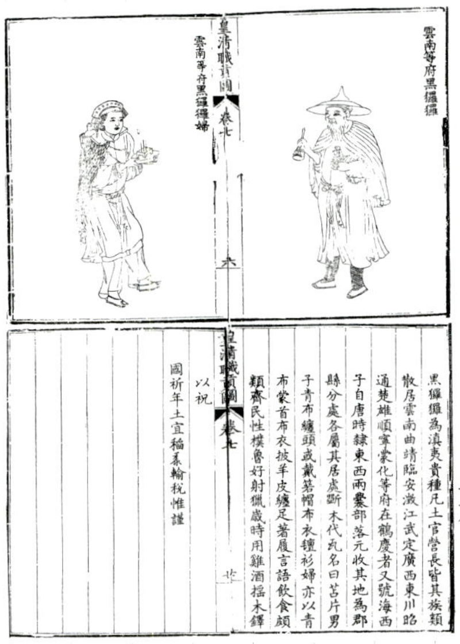

图二 清武英殿版《皇清职贡图》云南等府黑猓猡 刘托、孟白主编《清殿版画汇刊》第九册，第238页。

《皇清职贡图》卷七中，收录云南少数民族图像36种，72幅，是清代影响最大的滇夷图。[八]

在《皇清职贡图》问世前后，还出现各种以云南少数民族为对象的图册，根据目前所掌握的信息资料，存世的主要有以下数种：

（一）《滇夷图说》

台湾中研院史语所傅斯年图书馆藏。据美国学者劳拉·霍斯泰特勒介绍，该书高38

厘米，宽38厘米。彩绘绢本，图47幅。每种均有图说文字，纸本47页。[九] 虽然笔者没能看到原本，但从台湾学者宋光宇撰辑的《华南边疆民族图录》[十] 可以看到全书照拍所有彩图，还有排印的全部图说文字。该书收录的47种名目为：

1 撒枑猓猡 2 古宗 3 喇吾 4 剌毛 5 孔答 6 地羊鬼 7 爨蛮 8 猔人 9 巴苴 10 怒人 11 獛喇 12 峨昌 13 阿者猓猡 14 土獠 15 僰彝 16 土人 17 扯苏 18 遮些 19 麽些 20 罗婺 21 普特 22 乾猓猡 23 黑猓猡 24 缥人 25 摩察 26 妙猓猡 27 撒弥猓猡 28 窝泥 29 拇鸡 30 侬人 31 缅人 32 哈喇 33 白猓猡 34 蒲人 35 野人 36 阿成 37 羯些 38 果葱 39 喇记 40 西番 41 白人 42 鲁屋猓猡 43 结些 44 沙人 45 力些 46 喇鲁 47 比苴

值得注意的是，对照明人刘文征《滇志》卷之三十《羁縻志》第十二《种人》[十一]，发现二者名目相同的有44种。《滇夷图说》与《滇志》说文比较，有37种基本相同，显然《滇夷图说》有37种说文出自《滇志》。清代学者钱曾撰《钱遵王读书敏求记》记载：

云南诸夷图 一卷 云南夷三十七种，旧有图刊。其为官学佛渔猎贸易诸状，其部落种类，质之勇怯，心之慈暴与居处之险易，各题于其上。

《云南诸夷图》在明代流传，刘文征《滇志》有具体记述的37种夷人文字，可能就是出自《云南诸夷图》之说。

图三 《滇夷图说》四十一 白人 台湾中研院史语所傅斯年图书馆藏。宋光宇撰辑《华南边疆民族图录》，1991年。

《滇夷图说》中出现的新化州、教化、王弄、安南长官司，以及溪处、亦佐、崿嘉、兰州、十五喧、二十八寨等地名都是清康熙八年以后不再使用的明代建置地名。那么，这些图文有可能抄绘自明人。

然而，《滇夷图说》也出现清代建置地名。《喇记图说》：「喇记，其类在开化府。」《滇志》记《喇记》：「其类在教化三部。」不过，《滇志》此条不在有具体说文的「三十七种」之列，记述仅此七个字。那么可以推断：《滇夷图说》采《滇志》有具体记述的「三十七种」应是明人绘制本《云南诸夷图》的抄本。「三十七种」之外的十种（喇记、孔答、喇吾、比苴、果葱、喇鲁、阿成、剌毛、猔人、巴苴）为清人补绘。

《滇夷图说》应是明代《云南诸夷图》的增补抄绘本，成书在清代康熙、雍正年间。

《滇夷图说》是清代最早的一本滇夷图册，目前仍可见到几种抄绘本：

甲《苗蛮图》

中国社会科学院民族学与人类学研究所图书馆藏。绘者佚名。绘制时间不详。

乙《滇省民族图说》

中国国家博物馆图书馆藏。李泽奉、刘如仲编著《清代民族图志》[十二]中有缥人图像，与《滇夷图说》相同。

丙《西南少数民族图册》

中国国家博物馆图书馆藏。李泽奉、刘如仲编著《清代民族图志》一书中采用该书图像22幅，名目有黑猓猡、撒完猓猡、乾猓猡、妙猓猡、獛喇、摩察、罗婺、扯苏、拇鸡、喇鲁、喇记、普特、白人、窝泥、峨昌、怒人、哈喇、缅人、果葱、孔答、地羊鬼、侬人。此册图像有山水背景，图像与说文都与《滇夷图说》完全相同，可能是一部《滇夷图说》的完整抄绘本。

（二）《云南营制苗蛮图册》

收藏在英国威尔康图书馆（Wellcome Library）。威尔康图书馆是欧洲最大的关于亚洲的手稿、图书、图册的收藏地之一，藏品主要来自美籍药商及慈善家Henry Wellcome爵士。笔者未见原本。英国威尔康医药史研究院东方收藏馆馆长奈杰尔·艾伦（Nigel Allan）博士在两部著作中介绍此书，

图四 《苗蛮图》十 古宗 中国社会科学院民族学与人类学研究所图书馆藏。

图五 《滇省民族图说》古宗 中国国家博物馆图书馆藏。李泽奉、刘如仲编著《清代民族图志》，青海人民出版社，1997年，第292页。

图六 《西南少数民族图册》白人 中国国家博物馆图书馆藏。李泽奉、刘如仲编著《清代民族图志》，青海人民出版社，1997年，第224页。

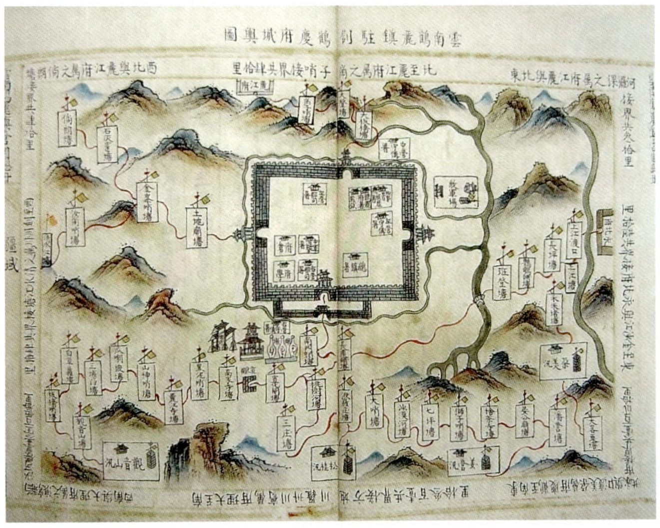

图七 《云南营制苗蛮图册》云南鹤丽镇驻扎鹤庆府舆图
英国威尔康图书馆（Wellcome Library）藏。
London: Wellcom Institute for the History of Medicine. 1994. pp.60-61. Allan. Nigel. *Pearls of the Orient: Asian Treasures from the Wellcome Library*（《东方之珠：威尔康图书馆的亚洲珍宝收藏》）. London: Serindia Pub.2003. p.189.

并发表了13幅彩图，[十三] 使我们对该图册能有基本了解。

「云南营制苗蛮图册」是原书的中文题名。书题在边栏上，破损。作者署名「标下云南鹤鹿镇标中军游击兼中营事军功加一级赵九州造呈遵将镇标疆城」。开本：24×16.5厘米（整个页面）。

据艾伦描述，此书一套，六本。他说：「第一本有67个彩页重彩描绘云南民族。这些图像是赵九州描绘他在该省巡查见闻的一部分（此人在清朝传记33种资料中没有被提到）。」

有夷人图的这册共67张。第五、六张（页）为《云南鹤丽镇驻扎鹤庆府舆图》[十四]。自第八张起，至第六十七张，是六十幅夷人图，其中五十七种图上标明夷人名目，三种未标。夷人名目有重复。据《威尔康医药史研究院图书馆藏中国书籍和手稿目录》开列名目，参照《东方之珠：威尔康图书馆的亚洲珍宝收藏》对10幅图片的说明，可以排列出这本图册夷人图的名目序列如下：

8 鹤庆府猓猡　9 鹤庆府僰夷　10 丽江府獲猺　11 猔子　12-13 猓獴及另一种未标文字名目　14 喇嘛　15-18 丽江猓猔、剌毛、猍人及另一种未标文字名目　19 僰子　20 莴猓猡　21 窝泥猓猡　22 黑猓猡　23 酒泥猓猡　24 白沙人　25-55 獾人、罷衣、獛喇猓猡、另古猓猡、母鸡猓猡、土獠、沙人、阿成、阿度、阿系、孟乌、舍乌、猺人、腊欲、普腊、普列、普剽、普岔、水罷、窝泥、山车、白猓猡、猓猡、阿猓、猓悟、僰子、猁鸡、阿戛及另一种未标文字名目　56 猓猡[十五]　57 水僰夷　58 旱僰夷　59 白窝夷　60 苦葱　61 糯（比）[十六]　62 獛喇　63 卡隋　64 黑铺　65 獾人　66 白猓猡　67 僰人

艾伦的介绍，给我们提供了十分宝贵的信息。这本图册作者明确：赵九州。身份确凿：云南鹤鹿镇标中军游击兼中营事。鹤丽镇是清代绿营军制建置单位，顺治十七年（1660年）设。清制，镇守总兵官为正二品，游击，初制为正三品，顺治十年改为从三品。赵九州担任的正是「镇标中营中军游击」职务。

图八 《云南营制苗蛮图册》葛猓猡
英国威尔康图书馆（Wellcome Library）藏。
London: Wellcom Institute for the History of Medicine. 1994. pp.60-61. Allan. Nigel. *Pearls of The Orient: Asian Treasures from the Wellcome Library*（《东方之珠：威尔康图书馆的亚洲珍宝收藏》）. London: Serindia Pub. 2003. p.178.

据《新纂云南通志》卷十四记载，赵九州是乾隆朝鹤丽镇中营游击，楚雄人。[十七] 题名中，赵九州自称「标下」「造呈」，是向镇守总兵官汇报。「遵将镇标疆城」，道出绘图的主要任务是绘制「镇标」区域舆图，夷人图是和舆图紧密相关的内容，因而也在绘制的目标之列。到目前为止，这是独一无二的以军营任务为目的、由军营高级官员亲自参与绘制的夷图，因而弥足珍贵！赵九州身在其地，经过亲历巡查，图册表现的内容无疑具有真实可靠性，从这点上说，其历史民族学价值不容低估。《云南鹤丽镇驻扎鹤庆府舆图》更为研究清代军事布防、云南边疆地理提供了不可多得的第一手舆图资料。

本图册成书年代没有标明。但由以下二点可以推断。第一，《东方之珠：威尔康图书馆的亚洲珍宝收藏》发表的葛猓猡、黑猓猡、僰子图可以看到绘图用纸边栏有特别印制的笺标：「云南广罗协营制纸册」，表明绘图使用的是军营专用笺纸。「协」为清代一种属于绿营的军事编制单位，级别低于「镇」，由副将统领。《清史稿》卷一百十七《职官志·武职》记载云南「协」有：维西协乾隆十二年置，曲寻协、楚雄协俱为乾隆三十五年改镇置，永昌协乾隆四十年改永顺镇置，顺云协道光二十九年改营置。[十八] 这里不见广罗协。实际上，早在康熙二十一年（1682年）就设立广罗协，驻罗平。康熙二十一年移驻广西府。[十九] 雍正年间，广罗协在云南军事行动中地位重要，《世宗宪皇帝朱批谕旨》中屡见不鲜。[二十] 乾隆三十五年（1770年）广西府改为直隶州，赵九州使用的「广罗协营制纸册」笺纸应是乾隆三十五年以前之物。第二，乾隆三十五年鹤庆府改为鹤庆州，[二十一] 赵九州绘制的是「驻扎鹤庆府舆图」。那么，《云南营制苗蛮图册》肯定成书在乾隆三十五年（1770年）之前。

（三）《滇省迤西迤南夷人图说》

收藏在德国莱比锡民族学博物馆（Leipzig: Museum für Völkerkunde zu Leipzig）。高31厘米，宽26.9厘米。彩绘本，摺装，木夹封套。

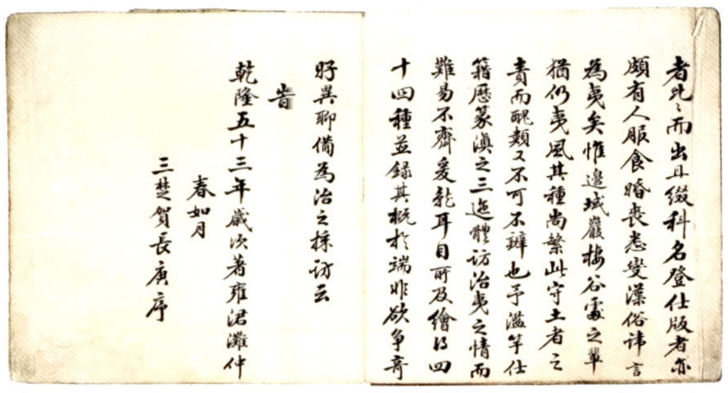

图九 《滇省迤西迤南夷人图说》贺长庚序 德国莱比锡民族学博物馆（Leipzig: Museum für Vlkerkunde zu Leipzig）藏。Kathrin Hir. *Das Yunnan-Album. Diansheng Yixi Yinan Yiren Tushuo. Illustrierte Beschreibung der Yi-Stämme im Westen uns Süden der Provinz Dian.* der Sammlung Hermann Freiherr Speck von Sternburg aus Lützschena. Herausgegeben vom Museum für Völkerkunde zu Leipzig. Leipzig 2003.

该图册由Hermann Speck von Sternburg男爵担任德皇特使期间（1891-1896）在北京购入收藏。后来，其家人作为文物卖给莱比锡民族学博物馆。德国何凯婷（Kathrin Hirth）以此图完成硕士论文，成书公开出版，将原本图说全部照排，印制精美。据何凯婷之书，我们可能看到此图册的全部内容。[二十二]

木夹封套中间竖刻「滇省迤西迤南夷人图说」，应是在中国的收藏者所制题名。原书首页作者篆书题名为「滇省西南诸夷图说」，应是贺长庚本来命名。二至三页是作者行楷书序，署「时乾隆五十三年岁次著雍涒滩仲春如月三楚贺长庚序」著雍涒滩，即戊申年。乾隆五十三年（1788年）是戊申年。三楚是湘、鄂一带泛称。

图十 《滇省迤西迤南夷人图说》三十三 刁巴

查检《新纂云南通志》卷十三上《历代职官表》二，可以知道，贺长庚是湖北钟祥人，乾隆朝在云南担任过临安府同知通判、普洱府知府、永昌府知府、迤南道道员、云南省按察使等重要职务。[二十三]

目前所知，至少有一种《滇省迤西迤南夷人图说》的改绘抄本存世，即《云南种人图说》，云南大学图书馆藏。纸本彩绘，名目二十二种，右图左说。绘于光绪十八年。云南大学图书馆将此书与《金筑百苗图》合并为一书照拍彩印出版。[二十四] 编者认为《云南种人图说》是《伯麟图说》的传抄节选本，实误。《云南种人图说》名目与《滇省迤西迤南夷人图说》前22种相合，显然是改编抄绘该书的前半部分。《云南种人图说》无疑可以看作是《滇省迤西迤南夷人图说》的节选改抄本。

图十一 《云南种人图说》十五 白倮㑩 云南大学图书馆藏。云南大学图书馆编《清代滇黔民族图谱》（含《云南种人图说》），云南美术出版社，2005年。

（四）《云南民族图考》及其他

乾隆以后，受《皇清职贡图》影响，出现多种同一类型的滇夷图。重要的传世本有以下几种：

甲 《云南民族图考》

中央民族大学图书馆藏。36.8×29.5厘米。彩绘，摺装。夷人名目40种，图80幅，每种男、女各一图。有说，在图中右上方。绘者佚名，绘制年代不清。

《云南民族图考》可能依据《皇清职贡图》及其他图册汇编抄绘而成。

图十二 《云南民族图考》二十一 撒弥 中央民族大学图书馆藏。

乙 《维西夷人图旧画本 维西舆地图旧画本》

中央民族大学图书馆藏。由《维西夷人图》与《维西舆地图》合订成册。37×22.5厘米，摺装，彩绘。有封套，左上贴签篆书书名，书名下方题款：「庚申腊八得于京师阿潜题记」，钤印。

夷图、舆图合一，是滇夷图的一种特色。除《滇省夷人图说》、《滇省舆地图说》这类省级制作外，清代云南还出现一批府、厅级制作的夷人舆图，存世的还有：

《蒙化所属汉夷风俗及各种夷蛮情形分类图册》

中国国家图书馆藏。（清）邬振驿制，彩绘本，25.7x15厘米，一册。绘于光绪二十七年（1901年）。国图书目有索书号：/041.7/235.63/1901，但看不到。不详。

《大理府浪穹县所属地方风土人情及舆图清册》

中国国家图书馆藏。彩绘本，一册，19x12.2厘米。清末（1908年）。国图书目有索书号：/041.7/235.622/1908，但看不到。不详。

《云南永昌府永平县属风土人情汉夷耕读各类清册》

图十三 《维西夷人图旧画本》一至二 么些、古宗 中央民族大学图书馆藏。

中国国家图书馆藏。（清）王宝制。彩绘本，20x15.2厘米，一册。绘于光绪二十七年（1901年）。国图书目有索书号：/041.7/235.626/1901，但看不到。不详。

《永北舆地并土司所属夷人种类图》

意大利社会地理学会收藏。

彩色手绘纸本，20×25厘米，硬纸封套。图6幅，第一幅是地图。此图册是由一位前官员Giuseppe Ros出售或捐赠的，他曾在中国做翻译，1848年死于海南。[二十五] 意大利学者白佐良在论文中发表第三幅「倮罗」图片，可以睹其一斑。

《普洱府舆地夷人图说》

英国不列颠图书馆（British Library）藏。编号：Or.6588。彩绘纸本，高37.5厘米，宽30.5厘米。前言四页，图13幅，地图一幅两页，末页有题署，绘制时间是嘉庆十四年（1810年）。共20页。购自Mr.Eltinghausen Esq. 1904年7月9日入藏。[二十六]

以上列举的，都是清代以云南少数民族为对象的图册。「滇夷图」自成系统，独具特色。比之贵州的「苗蛮图」，主要的滇夷图既可以确定真正的作者身份，明了绘制目的，又可以断定绘制成图时间，其历史民族学史料价值更胜一筹。

早在19世纪下半叶，来华的西洋人就开始关注各种少数民族图册，想方设法搜罗，一大批珍稀的苗图流落海外。与此同时，西洋人也最早开始研究中国少数民族图册，形成「苗图」研究风潮。

如同贵州「黔苗图」一样，对于「滇夷图」的学术关注，始于19世纪下半叶来华的西洋人。1877年，英国驻华领事勃勒法（T.M.H.Playfair）在《中国评论》上发表《中国图绘中的贵州和云南苗族》（*The Miao Tzu of Kueichou and Yunnan From Chinese Descriptions*）一文，介绍他在北京购得三册苗图，其中一册是云南苗图，题名是《丽江府十种彝人图》。[二十七] 最早把八十二种黔苗图说译成英文的英国人克拉克（George W. Clark）还写过《贵州与云南》（*Kwichow and Yunnan Province*）[二十八] 一书，记述了云南民族名目八十余种，按粮道所辖、迤东道所辖、迤西道所辖、迤南道所辖地域排序，文字内容与清佚名《夷人图说》大体相同。可知他使用了某种《伯麟图说》资料。1883年，英国探险家柯乐洪（A.R. Colquhoun）出版他的长篇游记《穿越中南半岛：经历华南的勘探旅程》。书中以附录的形式记载克拉克翻译的一部贵州苗图之外，还记述了当时他在云南开化府寻找、复制云南夷图的经过：他在开化看到并抄绘借来的四个夷图卷轴。[二十九] 各种不同身份的来华西洋人出于各种不同的目的，把苗图和夷图视为「宝藏」，采用各种手段不遗余力搜罗，致使大量原本苗图和夷图流落国外。在某种意义上说，苗图和夷图就是中国民族学的「敦煌」。

国人对《苗蛮图》研究起步较晚，而对于「滇夷图」，长期处于冷漠状态，没引起足够的重视。以往治民族史者，重文轻图，相沿成习。西南民族史研究大家方国瑜先生在他的著作中，论及《伯麟图说》及其他几种滇夷图，认为「图像亦以意为之，不足根据也」。「凡此多非实地考察，采录志书编成。」[三十] 限于条件，即便是方先生提到的滇夷图册，他亦大多没有见过原本，更是无法看到其他重要的图册。因而，他的见地难免失之偏颇。毋庸讳言，方先生的看法对后来研究者冷淡滇夷图倾向是有影响的。西南民族史研究另一位学术大家马曜先生在他主编的《云南简史》中，述及清代画家李诂绘《滇南夷情集汇图册》，给予很高评价。[三十一] 可惜他也没能见到更多的滇夷图册。有的研究者概述中国少数民族图说也提到多种国内收藏的滇夷图册，缺遗颇多，并且依据的仅是书目介绍资料。[三十二]

「苗蛮图」、「滇夷图」大多是手绘孤本，个别刊刻本更是稀见，传世本散落在国内外收藏单位或私人手中。对于研究者来说，睹见、利用十分困难。这也是「滇夷图」研究不兴的一个主要原因。近年来，国内外对「苗图」研究方兴未艾，一些过去无法见到的珍品面世，为深入研究打开方便之门。以「滇夷图」言之，1987年，意大利罗马大学从事东方研究的白佐良（Bertucciol Giuliano）在《东方与西方》期刊上撰文，介绍意大利社会地理学会收藏的15种苗蛮图，其中至少有两种是珍稀的滇夷图。[三十三] 1995年，美国学者劳拉·霍斯泰特勒发表博士论文《18世纪的中国民族学：贵州苗图》，列举西方收藏苗图书目简况，其中，包括现存于英国、意大利等国的「云南苗图」10种。[三十四] 2003年，德国何凯婷（Kathrin Hirth）以莱比锡民族学博物馆收藏的《滇省迤西迤南夷人图说》为资料完成硕士论文，并于2003年成书公开出版，将原本图说全部照排，公诸于世。[三十五] 英国学者奈杰尔·艾伦（Nigel Allan）在他的《东方之珠：威尔康图书馆的亚洲珍宝收藏》[三十六] 一书中，披露了威尔康图书馆(Wellcom Library)收藏的多幅目前国内不见的滇夷图。近年来，在国内也出现了滇夷图研究专题著述。[三十七]

传世的清代「滇夷图」多种多样，绚丽多彩，是一份珍贵的历史文化遗产。各种滇夷图册本身已是文物，图绘中留存的各民族传统文化表现形式，是今日传承非物质文化遗产的宝贵依据。挖掘、整理滇夷图，让滇夷图宝藏展现于世，重放异彩，是历史赋予当今中国民族学的一项重要使命。

二、《伯麟图说》与《滇省夷人图说》

清代，除了前述各种滇夷图外，还有声誉最高的一种是《伯麟图说》。

（一）关于《伯麟图说》

伯麟（1747-1824年）[三十八]，清满洲正黄旗人，瑚锡哈哩氏，字玉亭。《清史稿》有传。[三十九]伯麟是乾隆三十年（1765年）举人，授兵部笔帖式。嘉庆年间官至云贵总督。道光元年拜体仁阁大学士，管理兵部。著有《退思斋诗抄》，主修《钦定兵部处分则例》。充实录馆总裁，编纂《仁宗皇帝实录》。伯麟在滇任职期间，奉上谕绘制滇省夷人图册，附说。

道光年间，清阮元、伊里布等修，王崧、李诚纂的《云南通志》，是一部重要的云南志书，习称「道光志」，有道光十五年（1835年）刻本。是书卷二百八十二至二百八十六《南蛮志三·种人》中，保留了大量《伯麟图说》原始资料，包括图说和图像。书中民族图像有的采自《皇清职贡图》，有的采自其他图册，有相当部分应当是采自《伯麟图说》，共引用57条，其中，普拉僰僰、旱摆夷、花摆夷、蒲蛮、黑窝泥、野古宗、野西番、甘人、子间、傈卜、洒摩、蒙化夷、白腊鸡、交人、鲁兀、阿洒、龙人、阿卡、长头发等19种名目，只引用了《伯麟图说》一种文献。

道光之后，原本匿迹，后世引用《伯麟图说》者，只有依据道光《云南通志》。尤足珍贵的是，道光《云南通志》卷二百八《艺文志》四之十二《杂著·说》中载有伯麟撰《进云南种人图说》，共958字。由此文可以判定，《图说》是云贵总督伯麟主持编绘的云南民族图册，题名是《云南种人图说》。「伯麟《图说》」是道光《云南通志》编纂者引用时的简称，后人或习称为《伯麟图说》。

当代著名学者方国瑜先生在《云南史料目录概说》述及《〈清职贡图〉附说诸本〈民风图说〉》：

官修《职贡图》后，多有作者，或仅作图，或仅作说，或兼图说。所知者如嘉庆年间，云贵总督伯麟作《种人图》，不知何人代笔，道光《云南通志·种人》，多引伯麟《图说》。《艺文志·杂著》二十，载伯麟进《云南种人图说》[四十]。

西南民族史研究专家尤中在他的《中国西南民族史》中，多处据道光《云南通志》引用《伯麟图说》[四十一]。

方先生和尤先生都没见到《伯麟图说》的原本，他们依据的是道光《云南通志》。2005年，云南美术出版社出版云南大学图书馆编《清代滇黔民族图谱》，书中《云南种人图说》序写道：

清嘉庆二十三年（1818年）云贵总督伯麟（瑚锡哈哩氏，字玉亭，满洲正黄旗人），在解决礼社民族问题后，着力搜集整理云南少数民族资料，汇编成册待看。由于得知「李沽见画辄临摹，几逼真，遂以老画师名，巨室豪家张之壁者，不得沽画不贵也」。乃延李沽绘画谱以光篇幅，李氏乃以庋藏《云南诸夷图》为蓝本，编绘插图成《伯麟图说》一书。清阮元等修道光《云南通志·南蛮志·种人》多引《皇清职贡图》、《伯麟图说》，共收一百四十种，每种绘有图。清光绪年间，有人据《伯麟图说》遴选其中之二十二幅彩绘成册，题名《云南种人图说》，即今云南大学图书馆馆藏之本。《伯麟图说》早已散佚不存，故此本更弥足珍视。[四十二]

由此可知，《伯麟图说》是最重要的清代云南民族图集，对于云南民族史、民族学研究有宝贵价值。然而，「《伯麟图说》早已散佚不存」，曾是云南学界公认定论。

《伯麟图说》原本究竟如何？是否存世？长期以来一直是学界未解的谜团。最近，我们在进行教育部人文社会科学重点研究基地重大项目《清代民族图册〈苗蛮图〉综合研究》过程中，翻检多种云南民族历史图册，惊喜地发现：有几种图册与《伯麟图说》有直接关系，或者是《伯麟图说》同世同时代的抄绘本，或有可能就是《伯麟图说》的副本，或是后人据《伯麟图说》抄写本。《伯麟图说》不仅依然存世，其抄本或抄绘本还不止一种。

（二）《滇省夷人图说》与《滇省舆地图说》

在存世的《伯麟图说》各种版本中，中国社会科学院民族学与人类学研究所图书馆藏《滇省夷人图说》是目前所见最早的《伯麟图说》抄本。

《滇省夷人图说》，原书上下二册，木板封套，封板左上方竖刻隶书体「滇省夷人图说」，浅蓝色。书宽26厘米，高36厘米。下册封板题下刻小字「下册·[illegible]」。图幅高22.8厘米，宽30.3厘米。摺装，绵白纸，彩绘。收图108幅，上册54幅，下册54幅。没有任何印章和署名。图绘后面，有文字六页。同函中还有配套并存、式样一致的《滇省舆地图说》，分装为二册，上册28面，下册27面。收录云南舆图及图说22种。彩绘，没有任何印章和署名。

《滇省夷人图说》虽然没有任何印章和署名，但在图绘后面，却有一篇长达1848字的《跋》文，值得特别注意。全文照抄如下：

臣谨按：云南为职方边徼，南则控御缅甸、暹罗、南掌三国，东则与粤西并扼越南要隘，即古南交重地。文武将吏督率诸土司，星罗棋布，巩固藩篱，形势最为雄胜。

国朝应运，彤矢开滇。先弋由榔，旋剪吴逆。橐弓画井，震叠怀柔。百数十年，屡丰有庆。暹罗、南掌，先修雉贡。缅甸亦革其鸮音，款阙归极。其他百濮诸蛮，尽为编户。涵濡沐浴，驯悍为淳。即或一二犬羊螳距，无不剋日荡平。声教之盛，武烈之扬，自三古以来未之有也。

圣天子乾乾保泰，烛万里于户闼。

诏以三迤山川人物、设险经野诸大政括举梗概，登之图绘，用佐乙览。臣检校既峻，谨以图所未能备者，胪举申系于简末。

臣按：云南昔号蕃庶，五金骈物，加以盐井之利，民易饶裕。崇山峙墉，长川列堑。据险隘而振威，稜远驾长，驭其势为便。唯是边邻诸国，风俗不必尽同内地。诸土司强弱情形，亦各殊别。百蛮与汉民襍居，嗜欲习俗，有相协相洽，亦有未尽协洽。其负险阻育种族，眇闻禁教者，刚柔脆悍，聚散踪迹，什淳一浇，亦百不一律。故同一边壤，而其控驭绥靖之势，各有所宜。

按：东南临安、开化、广南三府，皆壤接越南，即昔之交阯，水陆可通其国。其国自易世以后，仰沐宠光，谨就轨辙，无敢不恪。三郡之间，在昔民稀土旷，川、黔、楚、粤以就垦至者为多。耕凿既众，不能保无稂秀之滋。唯恃保甲稽核，勿驰衔辔，岩疆靖谧，安内即为攘外要图。

又按：正南临安、元江之西普洱一郡，东界南掌，即昔之老挝。其国土狭民寡，地偪暹罗，恭谨自保，无敢骜愒。郡之思茅厅东南界暹罗，西南界缅甸。暹、缅之间，为戛于腊。戛夷本属于缅甸，以其民万众弃缅归附暹罗。嘉庆壬申、癸酉之间，戛夷与缅相攻，扰及车里土司界内。暹罗恐犯天威，将戛夷迁徙，东去数百里外。其余众二千余人，惮于远徙，又复弃暹归缅。缅酋年已耄惛，其大目有四，曰四大万，互争权势，国事方淆。即以此戛人屯耕孟艮，密迩车里土境。其众犬羊反复，其地瘴疠郁烈。缅、暹構争，相寻未已，皆蛮触自衅，不值挞伐扬威。昔曾增设营制于土司境内，以瘴不可驻而罢。唯拊循车里宣慰司，俾得专力保聚，训练储偫，固圉自强。藩篱既壮，窥视不萌，门闼设守，于斯为要。自普洱府思茅、威远两厅以西，顺宁府缅宁厅、云州以南，车里土司之西，耿马土司之东，孟连土司之北，为猓黑夷众所窟穴，鼠伏狼贪，齿繁地阻。自逆酋张辅国伏法以后，震慑声灵，罔敢再蹈覆辙。族众虽多，势未漫蔓。特其性本狙犷，素不知食力治生，剽夺为常，革心不易。则宜外励土司，内依将吏，严兵集练，有扰必惩。设防联势，树不可犯之威。孟连、耿马扼之于西南，不使与缅合。车里扼之于东南，不使与戛合。地孤势弱，自沮邪谋。怀我好音，道可驯致。又西南则永昌一郡，与顺宁皆界连缅甸。顺宁外接木邦，内隔猓夷。永昌则外接蛮莫、木邦，内隔野夷，缅人不能跨猓黑、越野人而连内界。考野夷昔皆划居八关以外，自乾隆三十四、五年以后，始渐迁关内。孳息日众，不可复驱。其性情亦略类猓黑。但猓夷一目能统数十寨，野夷则数十户、十数户皆为一寨。有一寨即自置一长，名曰「野贯」。涣无统属，良悍不齐。悍者剽劫残贼，不可诲谕。但知惕威，不知感德。但可雕剿，不可犁扫。先孤其掌，后殄其渠。歼一惩百，能使知惧。唯其巢穴皆在酷瘴之乡，恃以为固，霜降以前，不可轻涉。雨水以后，春瘴又兴，山山可潜，路路可窜。兵盛则兽散延喘，兵旋则狼贪为奸。大举既虑虚劳，长围又难骤合。顿兵非计，奔命损威。唯有责成守土镇臣，假之事权，简兵砺锐，以待猝徼。责成守土长吏，宽其筹备，募练选谍，以稔夷情。夙拊淳良，专歼盈贯。又在荣励陇川、干崖诸土司，众效腹心，秉承调度。戎钺之讨既伸，潢蛙之氛自靖。此诸郡边隅机要，移步换形，有未可一律论者。他若广西州之沙人，北界黔苗。丽江府之猓猓，西通卫藏。以及邻安之窝泥，夷民诸种，虽有上干国典，旋就诛夷。要其种类莠少良多，与猓黑、野人之性情不侔。但得稽查无怠，拊驭有方，买椟销烽，无虞蜂虿矣。边隅守土，贵稔夷情。特是滇省领运京铜，一年六运，往返三年。此出彼归，轮流拣掣。统三年为计，常有牧民之官十八人不在其任。故督运之遴干材不易，而司牧之谙土宜亦眇。唯有随时耳提面命，董率讲求，庶期渐练边情，无贻陨越。至于通省厂额，开滇之初，仅敷省铸。其京铜令楚、粤两省赴滇采运，不限以额。乾隆初年，改令江、安、闽、浙四省赴滇采运。后又改四省采运之铜，并归滇省办运，岁共办京铜正耗六百三十余万斤。又有分年带解，挂欠买补，及搭运铁砂煎耗，每年约四五十万斤不等。又奉文加办二十万余斤。统计岁运京铜七百一十余万斤。加以本省局铸，需铜六十三万余斤。又加以三江、两广、两湖暨闽、黔、陕十省，俱来滇采办铸铜，年需高低铜二百七十万斤。则每年通计共需铜一千五十万有畸。额重款繁，所关甚钜。彼岁渐形竭蹶。泸店受兑，间至稍逾例限。而各省采买亦复时多稽滞。详核其故，非但采久矿稀，兼以岁多薪尽，诸厂与诸盐井情形略等。昔之就林立灶者，今童山日辟，往往数百里购木供煎。日采日尽，价昂运远，则十年树木，所宜亟讲。而滇中疠盛，浥蒸盖藏，本难久贮。小民不知耕九余三之计，跬步皆山，泛舟不达。一经略俭，庚癸为虞。此尤统关边储厂井气脉之重者也。臣受恩深重，职任封疆，唯有仰体圣主，慎重边圉，至意随时随事，相度机宜，未雨绸缪，期臻绥靖。当镇静者，不敢稍邻躁率。当振饬者，不敢稍事姑容。庶冀恩威覃播绝徼，敉宁财阜民康，吏皆奉职用，上纾宵旰垂廑轸恤边氓之意于万一云尔。

这篇文字没有标题，也没有署名，但是很容易看出，这是云南地方官向皇帝进送「图绘」的「奏章」。文中说：「圣天子乾乾保泰，烛万里于户闼。诏以三迤山川人物、设险经野诸大政括举梗概，登之图绘，用佐乙览。臣检校既峻，谨以图所未能备者，胪举申系于简末。」可知：第一，「图绘」是奉「诏命」完成的官修之作；第二，「图绘」包括两部分内容：一是「山川人物」，即「夷人图说」；二是「设险经野」，即「舆地图说」；第三，撰文者是「主修」责任者。那么，理所当然可以推断：这篇文字的作者就是云贵总督伯麟。《伯麟图说》的原名就是《滇省夷人图说》。中国社会科学院民族学与人类学研究所收藏的两种四册《滇省夷人图说》、《滇省舆地图说》就是人们认为已佚的《伯麟图说》。今存道光《云南通志·种人卷》及佚名《夷人图说》给我们提供了寻找《伯麟图说》原型的宝贵线索。

「系于简末」的伯麟跋文是关于《图说》最可靠的编修者的记录。道光《云南通志》节选的伯麟撰《进云南种人图说》，题目和题名肯定是修志者所加。《滇省夷人图说》下册木封题名下注「并跋」，即指伯麟跋文。伯麟跋文没分段落，但却有四「按」，分别是：

「臣谨按」综述「国朝」开滇后局势，奉诏进《图绘》，说明「谨以图所未能备者，胪举申系于简末」。

「臣按」说明滇省土司、百蛮「情形各殊」。

「按」讲述东南临安、开化、广南三府接壤东南亚诸国的地理、民族关系的重要性。特别关注缅甸「戛于腊」对境内民族的影响。

「又按」第一部分分别论述滇南以及滇西南、滇西之「夷情」并提出治理对策，重点在「猓黑夷」和「野夷」，特别提到「猓黑夷」首领张辅帼事件。第二部分总结报告滇省「领运京铜」问题。

《跋》文不仅使我们获取到《图说》编绘的可靠信息，由于伯麟作为云贵总督的特殊身份，也为研究清代云南政治、经济、边防、民族历史提供了一份宝贵文献。

（三）道光《云南通志》证明《滇省夷人图说》是《伯麟图说

清阮元、伊里布等修，王崧、李诚纂道光《云南通志》是一部重要的云南志书，有道光十五年（1835年）刻本[四十三]，多为治云南民族史、地方史学者青睐。这部志书卷二百八十二至二百八十六《南蛮志三·种人》中，保留了大量《伯麟图说》原始资料，包括图说和图像。《滇省夷人图说》之图把人物置于山水和场景之中，而道光《云南通志》之图只有人物，这是为了刻版的需要。

图十四 （道光）《云南通志》 黑铺
清道光十五年（1835年）刻本。

对照一下，二者人物形象完全相同的有：

子间、撒弥猓猡、罗缅、土人、海猓猡、乾猓猡、苗子、黑干彝、獞人、白猓猡、黑猓猡、普拉、阿蝎猓猡、鲁兀、聂苏、阿系、白喇鸡、山车、普列、阿猓猡、黑土獠、普剽、腊歌、孟乌、腊兔、侬人、喇嘛、缅人、磨些、古宗、栗粟、狭人、遮些、羯些、野人、峨昌、卡瓦、大猓黑、利米、小列密、洒摩、蒲蛮、扯苏、西番、妙猓猡、苦葱、艮子、莽子、三作毛、黑濮、黑窝泥、缅和尚、戈罗、老挝、长头发、绷子、窝泥、缫喇、土獠、白窝泥、糯比、山苏、卡隋、黑铺。共64种。

人物形象基本相同，局部略有改动的有：

阿哂、阿者猓猡、葛猓猡、水百彝、阿度、披沙猓猡、剌毛、嫚且、野西番、撒桓猓猡、野古宗。共11种。

主要人物形象相同，但道光《云南通志》人物数量或增、或减的有：

傈卜、罗婺、爨蛮、沙人、拇鸡、舍武、阿成、阿戛、花土獠、旱百彝、交人、白喇、普岔、腊欲、摩察、猔人、蒲人、戛喇、蒙化彝、猓黑、阿卡、龙人、花百彝、鲁屋猓猡、麦岔。共25种。

二书人物形象完全不同的有：

普特、白人、猓猡、僰夷、乾人、花苗、羿子、喇鲁。共八种。

比较后可以得出结论：《云南通志·种人》采自《滇省夷人图说》的人物图绘有100种，是图绘的主要来源。《云南通志·种人》由于采录《伯麟图说》才有「出新」之处。反过来说，由于《云南通志·种人》大量采用，也才显露出《伯麟图说》的特别价值[四十四]。

更可宝贵的是，道光《云南通志》卷二百八《艺文志》四之十二《杂著·说》中载有伯麟撰《进云南种人图说》，全文如下：

云南种人图说　国朝云贵总督大学士伯麟

谨按：滇省东南临安、开化、广南三府，皆壤接越南，即昔之交阯，水陆可通其国。自易世以后，声教渐被，献琛恭顺。三郡之间，在昔民稀土旷，川、黔、楚、粤以就垦至者为多。耕凿既众，不能保无稂莠之滋。唯恃保甲稽核，勿驰衔辔，岩疆靖谧，安内即为攘外要图。又按：正南临安、元江之西普洱一郡，东界南掌，即昔之老挝。其国土狭民寡，地偪暹罗，恭谨自保，无敢骜偈。郡之思茅厅东南界暹罗，西南界缅甸。暹、缅之间，为戛于腊。戛夷本属于缅甸，以其民万众弃缅归附暹罗。嘉庆壬申、癸酉之间，戛夷与缅相攻，扰及车里土司界内。暹罗恐犯天威，将戛夷迁徙，东去数百里外。其余众二千余人，惮于远徙，又复弃暹归缅。缅酋年已耄惛，其大目有四，曰四大万，互争权势，国事方淆。即以此戛人屯耕孟艮，密迩车里土境。其众犬羊反复，其地瘴疠郁烈。缅、暹搆争，相寻未已，皆蛮触自衅，不值挞伐扬威。昔曾增设营制于土司境内，以瘴不可驻而罢。唯拊循车里宣慰司，俾得专力保聚，训练储餉，固围自强。藩篱既壮，窥视不萌，门闼设守，于斯为要。自普洱府思茅、威远两厅以西，顺宁府缅宁厅、云州以南，车里土司之西，耿马土司之东，孟连土司之北，为猓黑夷众所窟穴，鼠伏狼贪，齿繁食阻。自逆酋张辅国伏法以后，震慑声灵，罔敢再蹈覆辙。族众虽多，势未漫蔓。特其性本狙犷，素不知食力治生，剽夺为常，革心不易。则宜外励土司，内依将吏，严兵集练，有扰必惩。设防联势，树不可犯之威。孟连、耿马扼之于西南，不使与缅合。车里扼之于东南，不使与戛合。地孤势弱，自沮邪谋。怀我好音，道可驯致。又西南则永昌一郡，与顺宁皆界连缅甸。顺宁外接木邦，内隔猓夷。永昌则外接蛮莫、木邦，内隔野夷，缅人不能跨猓黑、越野人而连内界。考野夷昔皆划居八关以外，自乾隆三十四、五年以后，始渐迁关内。孳息日众，不可复驱。其性情亦略类猓黑。但猓夷一目能统数十寨，野夷则数十户皆为一寨。有一寨即自置一长，名曰野。涣无统属，良悍不齐。悍者剽劫残贼，不可诲谕。但知惕威，不知感德。但可雕剿，不可犁扫。先孤其党，后殄其渠。歼一惩百，能使知惧。唯其巢穴皆在酷瘴之乡，恃以为固，霜降以前，不可轻涉。雨水以后，春瘴又兴，山山可潜，路路可窜。兵盛则兽散延喘，兵旋则狼狈为奸。大举既虑虚劳，长围又难骤合。顿兵非计，奔命损威。唯有责成守土镇臣，假之事权，简兵砺吏，宽其筹备，募练选谍，以稔夷情。夙拊淳良，专歼盈贯。又在荣励陇川、干崖诸土司，众效腹心，秉承调度。斧钺之讨既深，潢蛙之氛自靖。此诸郡边隅机要，移步换形，有未可一律论者。他若广西州之沙人，北界黔苗。丽江府之傈猓，西通卫藏。以及邻安之窝泥，夷民诸种，虽有上干国典，旋就诛夷。要其种类莠少良多，与猓黑、野人之性情不侔。但得稽查无怠，抚驭有方，买椟销烽，无虞蜂虿矣。

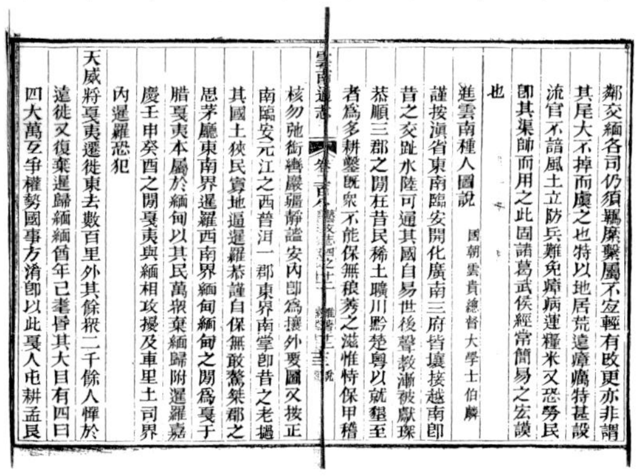

图十五 （道光）《云南通志·进云南种人图说》 清道光十五年（1835年）刻本

这篇文字共958字，而《滇省夷人图说》六页附文长达1848字。道光《云南通志》节选自《滇省夷人图说》的跋文，除开头一、二句及个别字以外，都与《滇省夷人图说》中的文字一致，明白无误地证明《滇省夷人图说》的跋文就是伯麟的奏文！那么，《滇省夷人图说》肯定就是《伯麟图说》。

（四）《夷人图说》证明《滇省夷人图说》是《伯麟图说》原抄本

道光《云南通志》中将「滇省夷人」改为「云南种人」，是修纂者所为。《伯麟图说》原书的题名应是「滇省夷人图说」，这从另一部《夷人图说》可以进一步证明。

《夷人图说》，中国国家图书馆藏。[四十五] 该书只有文字，缺图，是《伯麟图说》的完整无缺的文字刻本，以云南地域列举夷人名目：

粮道所辖

云南府属七种

武定直隶州属三种

迤东道所辖

曲靖府属六种

澂江府属二种

广西直隶州属八种

开化府属二十二种

广南府属一种

东川府属二种

昭通府属二种

迤西道所辖

大理府属一种

丽江府属八种

永昌府属七种

顺宁府属六种

楚雄府属四种

永北直隶厅属二种

蒙化直隶厅属一种

景东直隶厅属一种

迤南道所辖

普洱府属十三种

临安府属六种

镇沅直隶州属二种

元江直隶州属四种

通共一百零八种

此书种类名目排序，除有四处八种前后次序颇倒外，与《滇省夷人图说》完全一致。《伯麟图说》原本中滇省108种夷人种类名目序列，按粮道所辖、迤东道所辖、迤西道所辖、迤南道所辖地域编排。《夷人图说》名目序列有力证明《滇省夷人图说》保持《伯麟图说》原貌。

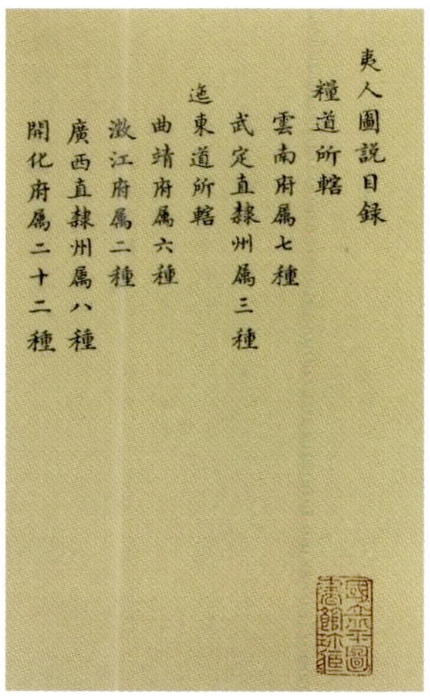

图十六 （清）佚名撰《夷人图说》，清抄本，中国国家图书馆藏。

（五）《滇省夷人图说》成书时间及绘图者

《滇省夷人图说》的主持修纂者是伯麟，因而称之为《伯麟图说》顺理成章。

《滇省夷人图说》是伯麟在任云贵总督期间完成的。在《图说》「系于简末」文字中，他说「臣 受恩深重，职任封疆」。显然在向皇帝进呈《图说》时他仍在总督任上。据《清史稿·疆臣年表》，伯麟于嘉庆九年（1804年）七月升云贵总督，嘉庆二十五年（1820年）四月离任。[四十六] 那么，《图说》最晚在嘉庆二十五年（1820年）完成。在《临安府图说》记载：

三江之间，皆窝尼夷民巢窟，其种愚陋顽犷，易于煽诱，亦多勤朴愓法，艺山自活者。兹丁丑、戊寅逆夷高罗衣、高老五怙其山峻瘴浓，再烦弧钺，仰禀圣谟指授，不稽旬月犁穴歼渠。江滋内外，莫不洗心震慑。今复议增置旧泛一于斗母阁。添置新泛二于簸岩、一碗水，联络塘哨，用资控御。

剿灭窝尼起事首领高罗衣、高老五事见《清实录·仁宗实录》[四十七]。「丁丑、戊寅」为嘉庆二十二、二十三年。由此可知，《图说》成书不会早于嘉庆二十三年（1818年）。

这是一部官修图册，成于众人之力。民国《续修昆明县志》卷之四《人物志下·七《艺术列传》记载：

杨毓兰　字畹亭。性倜傥。能诗，尤工于画。人得其片幅，珍若拱璧。李诂，其弟子也，字仰亭，放荡不羁。不事家产，终其身清贫自若。性明敏，善篆隶，尤精绘事。见古名画辄临摹，几逼真，后遂以老画师名。巨室豪家张之壁者，不得诂画不贵也。嘉庆二十三年总督伯麟既平礼社江夷首高罗衣，绘诸夷人图以献，俾诂司之。图成，神采酷肖，称善本云。[四十八]

据此，可以确定：《滇省夷人图说》总编修者是伯麟，主要绘图者是李诂，成书的时间在嘉庆二十三年（1818年）。

（六）《滇省舆地图说》

伯麟《跋》文中说：「诏以三迤山川人物、设险经野诸大政括举梗概，登之图绘，用佐乙览。臣检校既峻，谨以图所未能备者，胪举申系于简末。」《滇省舆地图说》也是《伯麟图说》的重要组成部分。

《滇省舆地图说》一种为云南全省舆图及云南省总图说，其余21种为各府及直隶州舆图及图说，以云南府、迤东、迤西、迤南地域排序，名目如下：

云南全省舆图并图说，云南府、武定直隶州、曲靖府、澂江府、广西直隶州、开化府、广南府、东川府、昭通府、大理府（以上绘于上册）、丽江府、永昌府、顺宁府、楚雄府、永北直隶厅、蒙化直隶厅、景东直隶厅、普洱府、临安府、镇沅直隶州、元江直隶州（以上绘于下册）舆图并图说。

舆图标识出重要的山脉、河流、湖泊、关隘以及区域内主要建置名称，还标出区划的四至。舆图体例与乾隆元年（1736年）鄂尔泰等监修《云南通志》卷一舆图相似，但标示的方位更准确。

每种均有图说文字，多者四页，少者二页。比较乾隆《云南通志》舆地图说，[四十九]《滇省舆地图说》文字分量增加一倍以上，是内容最翔实的舆地图说。图说内容包括历史沿革、建置、职官、地理方位、山川、湖泊、物产、险要、关隘、矿厂、防务、营制、民风、土司、夷人等。记载每个行政区划的「夷人名目」尤详，例如《开化府图说》记载：「夷人有舍武、聂苏、普剽、水㑩夷、旱㑩夷、阿系、孟乌、腊欲、山车、普岔、花土獠、腊歌、普列、阿戛、白獛唻、黑土獠、阿度、白猓㑩、交人、阿成、阿猓。种类繁多，其俗略同。此郡昔时夷多于汉，风气淳朴。今则流寓者众，渐习繁华，而诗书渐靡，风声日远，夷人列胶庠称儒雅者往往而有。」《图说》对于边防要塞，记录明晰，例如《永昌府舆地图说》记录滇西边境关隘：「南则最重龙陵，西则最重腾越。最险要者，腾越诸关于通缅门户，布置更密。马面关在云喧山顶，控制茶山、里麻一带要害。神护关在盏丁西，与滇滩关毗连，控制茶山、古勇、威缅等路。万仞关在蒙弄山，控制港得、港勒等路。巨石关在习马山，控制户冈路。铜壁关在布岭山，控制蛮哈、海黑、蛮莫等路。铁壁关在等练山，控制蛮莫等路。虎踞关在邦杭山，控制蛮棍、遮鳌等路。天马关在邦欠山，控制猛广、猛密等路。汉龙关在龚回，控制猛尾、猛育等路。」

《滇省舆地图说》中包含嘉庆年间发生的事件，《广南府舆地图说》记载：「侬人之大寨名曰牛，其种有四十八牛，皆属于土同知。嘉庆二年从剿黔苗，颇著劳绩。」《昭通府图说》记载：「嘉庆二十一年，永善县复核所辖土众，十倍于前。」可知《舆地图说》之图与文是绘制《夷人图说》时新绘、新撰，是研究清代嘉庆时期云南地理、物产、政治、军事、边防、民族的可信史料。

《滇省舆地图说》与《滇省夷人图说》是一套书，确切地说，这二种图册组合在一起才是完整的《伯麟图说》。

三、存世的《伯麟图说》诸版本

曾被认为已经失传的《伯麟图说》不仅依然存世，其抄本或抄绘本还不止一种。目前所知最重要的如下：

（一）意大利收藏本（无题，应命名《滇省夷人图说》）

1987年，意大利汉学家白佐良（Giuliano Bertuccioli，1923-2001年）撰文介绍意大利社会地理学会收藏的16种「苗图」，[五十] 其中编号inv.no.64，cinv.no.65c，版心高30厘米，宽23厘米；图幅高25.5厘米，宽20.5厘米。彩绘，每种54幅。木夹封套。这两本图册是由一位前官员Giuseppe Ros出售或捐赠的，他曾在中国做翻译，1848年死于海南。

Fig. 3 - Scene from the life of the Lisu. Album no. 64c, illustration no. 7.

图十七　意大利收藏本《滇省夷人图说》傈僳

Bertuccioli, Giuliano. *Chinese Books from the Library of the Italian Geographical Society in Rome Illustrating the Lives of Ethnic Minorities in South-West China.* **East and west**, Vol. 37. Rome: Istituto italiano per il Medio ed Estremo Oriente, 1987.

白佐良在文中采用了三幅图：64c第7种「傈僳」，第13种「野人」；65c第九种「罗缅」。对照《滇省夷人图说》，构图、人物及说文相同。有意思的是，在《滇省夷人图说》序列中，64c-7为下册第7种，全册第61种；64c-13为下册第13种，全册第67种；65c-9为上册第9种。可以肯定，65c是上册，64c是下册，夷人名目排序完全一致。那么，这二本合在一起就是另一部《滇省夷人图说》。此本是否有伯麟奏文《按语》，只有获睹原件才能明了。

（二）《滇南夷情汇集》

中国国家博物馆藏。从宋兆麟先生的著作和论文[五十一]中可以获得此图册的基本信息：上、下二册，彩绘本，图108幅，图上有说文。绘制的夷人名目序列如下：

上册：

1 子间 2 普特 3 白人 4 撒弥 5 倮罗 6 傒卜 7 僰夷 8 罗婺 9 罗缅 10 土人 11 海倮罗 12 甘倮罗 13 苗子 14 爨蛮 15 黑甘彝 16 壮人 17 白倮罗 18 黑倮罗 19 阿西 20 沙人 21 阿系 22 阿成 23 聂素 24 舍武 25 葛倮罗 26 鲁兀 27 阿者 28 阿蝎 29 普拉 30 拇鸡 31 山车 32 白鸿 33 普列 34 阿戛 35 阿倮 36 花土僚 37 水百彝 38 黑土僚 39 旱百彝 40 普剽 41 交人 42 白朴喇 43 阿度 44 腊歌 45 孟乌 46 普岔 47 腊欲 48 腊兔 49 侬人 50 乾人 51 披沙倮罗 52 花苗 53 羿子 54 摩察

下册：

55 喇嘛 56 怒人 57 刺毛 58 缅人 59 么些 60 古宗 61 傈僳 62 俅人 63 遮些 64 浦人 65 艮子 66 莽子 67 三作毛 68 黑仆 69 龙人 70 黑窝泥 71 戛刺 72 玛些 73 野人 74 喇鲁 75 峨昌 76 卡瓦 77 倮罗 78 利米 79 小利米 80 嫚且 81 长头发 82 绷子 83 洒摩 84 蒲蛮 85 扯苏 86 西番 87 野西番 88 妙倮罗 89 缅和尚 90 花百彝 91 弋罗 92 老挝 93 鲁屋倮罗 94 撒桓倮罗 95 窝泥 96 麦岔 97 朴剌 98 土僚 99 白窝泥 100 野古宗 101 糯比 102 山苏 103 卡惰 104 黑铺 105 大倮黑 106 苦葱 107 阿卡 108 蒙化彝

图五六　《滇南夷情汇集·哈尼族》

图十八　《滇南夷情汇集》黑窝泥（局部）
中国国家博物馆藏。宋兆麟《民族文物通论》，紫禁城出版社，2000年。

宋先生文中引述全部说文，并发表野人、野西番彩版照片，峨昌、蒲蛮、花百彝、糯比、阿卡、阿成、旱百彝、怒人、黑窝泥等黑白照片（局部）。把这些图像及说文与《滇省夷人图说》比较，发现二者一致，只是名目排序有差异。

宋先生认为此图册绘制作者是李诂。然而此册没有伯麟按语，也没有配套的《舆地图说》，可以确认这是《滇省夷人图说》的一种抄绘本。据宋兆麟先生说：云南存有一部同类图册。马曜先生主编《云南简史》述及李诂时说：「《滇南夷情集汇图册》，计108开，每幅都有小跋记其所绘情景」[五十三]。不知是指国博收藏本，还是采用云南另藏一部图册？有待识者确认。

（三）《御制外苗图》

中央民族大学图书馆善本库藏，上、下册。该图册红木板豪华封装，封板正中上方竖刻隶书体「御制外苗图」，烫金。正图摺装，绵白纸，彩绘，版心高26.3厘米，宽23厘米。共收图104幅，上下册各52幅。

上册第一扉页中缝正上方钤「文园师子林宝」硕印一方，高宽为8.0×7.8厘米。第二扉页骑缝上方押「五福五代堂宝」印，4.9×4.9厘米。图绘首页右图右上方钤「石渠宝笈」印，左图左上方钤「宜子孙」白文印各一方，中缝上方钤「乾隆御览之宝」、椭圆印一枚，下方钤「三希堂精鉴玺」长方印一枚。图绘末页中缝从上到下分别钤有「八徵耄念之宝」、「嘉庆御览之宝」、「乐寿堂鉴藏宝」、「养心殿鉴藏宝」四印。第一印为方形，高宽为4.8×4.7厘米。第二印为椭圆形朱文印，第三、四两印均为长方形白文印。末倒第二页右上方钤「天禄琳琅」印一方。末页左上方钤有「五福五代堂古稀天子宝」印，长方形，高宽为4.8×2.6厘米。最后两扉页骑缝处分别钤有「避暑山庄」、「春蒐主人」印。

下册扉页第一页中缝正上方钤有「避暑山庄」篆文硕印一方，印文10.4×10.5厘米。第二扉页中缝正上方钤有「天恩八旬之宝」印一方，首页中缝上方押椭圆型篆文印「乾隆御览之宝」，与上册所钤印不仅为同一印章，而且钤押方位完全相同。下方押长方形白文印「养心殿鉴藏宝」。首页右上方有「天禄琳琅」朱文印，与上册首页右上方所钤为同一方印章。次页左上方有「天禄继鉴」白文印一方。下册末页中缝上方再钤另一方「避暑山庄」印，较扉页之印要小许多，高宽为5.7×5.6厘米。中缝下方有「五福五代堂宝」印，4.9×4.9厘米，又小于上方之「避暑山庄」印。末页左上方为「石渠继鉴」印，倒第二页嵌「宝笈三编」印。末页结尾处署有「臣金廷标恭绘」，下钤「臣廷标」、「恭绘」二方小印章。尾页之后的两扉页又有「八徵耄念之宝」、「五福五代堂古稀天子宝」二印，前者高宽4.8×4.7厘米，后者高宽8.2×8.1厘米，为清代宫中印章之较大者。

图十九 《御制外苗图》一〇四 傒卜
中央民族大学图书馆藏。

该册绘制的夷人图像名目序列如下：

上册：

1 僰夷 2 罗婺 3 剌毛 4 缅人 5 磨些 6 古宗 7 猓玀 8 狭人 9 遮些 10 蒲人 11 戛喇 12 窝些 13 野人 14 花苗 15 峨昌 16 卡瓦 17 大猓黑 18 蒙化彝 19 猓黑 20 利米 21 小列密 22 缦且 23 洒摩 24 蒲蛮 25 扯苏 26 西番 27 野西番 28 妙猓猡 29 苦葱 30 阿卡 31 艮子 32 芥子 33 三作毛 34 黑濮 35 龙人 36 黑窝泥 37 缅和尚 38 花百彝 39 弋罗 40 老挝 41 长头发 42 绷子 43 鲁屋猓猡 44 撒袒猓猡 45 窝泥 46 麦岔 47 濮喇 48 土獠 49 白窝泥 50 野古宗 51 猓猡 52 傒卜。

下册：

53 喇嘛 54 猔人 55 罗缅 56 土人 57 海猓猡 58 甘猓猡 59 苗子 60 爨蛮 61 黑干彝 62 獞人 63 白猓猡 64 黑猓猡 65 阿西 66 沙人 67 普拉 68 拇鸡 69 阿者猓猡 70 阿蝎猓猡 71 葛猓猡 72 鲁兀 73 聂素 74 舍武 75 阿系 76 阿成 77 山车 78 白喇鸡 79 普列 80 阿戛 81 阿猓猡 82 花土獠 83 水百彝 84 黑土獠 85 旱百彝 86 普剽 87 交人 88 白濮喇 98 阿度 90 腊歌 91 孟乌 92 普岔 93 腊欲 94 腊兔 95 侬人 96 乾人 97 披沙猓猡 98 喇鲁 99 羿子 100 摩察 101 子间 102 普特 103 卡隋 104 黑铺。

对照一下，以上图像与《滇省夷人图说》基本相同，说文一致，但名目排序不同，缺少「白人」、「撒弥猓猡」、「糯比」、「山苏」四种，缺少伯麟按语，也没有配套的《舆地图说》。可以判定，这是一种依据《滇省夷人图说》的抄绘本。

《外苗图》绘制精良，用笔娴熟，肯定出自丹青妙笔之手。装帧豪华考究，印章钤盖有序，很像是宫廷藏品。然而，有两点令人不解：一是嘉庆后期之作，为什么乾隆的御览印鉴如此齐全？二是有「石渠宝笈」、「宝笈三编」、「石渠继鉴」印，可是在《石渠宝笈三编》中却不见此书。显然，这个「御制」是书贾谋利的伪作。「外苗」图及说都是采自《滇省夷人图说》，此书即便是「御制」赝品，但其图和说的内容不假。雍正、乾隆时，朝廷关注的泛指南方少数民族的「苗疆」重心是「黔苗」。到了嘉庆以后，「苗疆」中心已转移到云南。滇省少数民族在黔之外，因而被习称为「外苗」。嘉庆时期出现「外苗图」，也合乎西南边疆形势的大语境，因而，此册绘者另取了《御制外苗图》这样一个看似合理的名称。

（四）《云南三迤百蛮图》

中央民族大学图书馆善本库藏。全四册。摺装，绵白纸，彩绘，版心高37厘米，宽26厘米。图幅高33.5厘米，宽21.5厘米。淡黄木板封装，封板左上方粘贴白绵纸题签：一：云南三迤舆地图说，收舆图11幅，并附说。二：云南三迤百蛮图，收人物图像54幅，图上均有说。三：云南三迤舆地图说，题注：「按此书卷一卷三为舆地图说卷二卷四为三迤百蛮图。」收舆图11幅，并附说。四：云南三迤百蛮图，收人物图像54幅，图上均有说。书后有文字六页，末尾有红色「华宜馆」阳文小方章。一册《云南省总图说》及三册《丽江府图说》题名下亦加盖此章。

图二十 《云南三迤百蛮图》卡堕
中央民族大学图书馆藏。

《云南三迤舆地图说》、《云南三迤百蛮图》两书组合成一套书。全书共收人物图像共108幅。图像名目序列如下：

卷二：

1 猓猡 2 傒卜 3 撒弥猓猡 4 白人 5 普特 6 子间 7 罗婺 8 僰彝 9 土人 10 罗缅 11 甘猓猡 12 海猓猡 13 爨蛮 14 苗子 15 獞人 16 黑甘彝 17 洒摩 18 黑甘彝[五十三] 19 黑猓猡 20 白猓猡 21 阿蝎猓猡 22 阿者猓猡 23 拇鸡 24 普拉 25 鲁兀 26 葛猓猡 27 沙人 28 阿哂 29 白喇鸡 30 山车 31 黑土獠 32 水百彝 33 腊歌 34 阿度 35 阿成 36 阿系 37 花土獠 38 阿猓 39 腊兔 40 腊欲 41 舍武

42聂苏 43普岔 44孟乌 45阿戛 46普列 47普剽 48旱百彝 49白貘喇 50交人 51乾人 52侬人 53花苗 54披沙猓猡

卷四：

55摩察 56羿子 57怒人 58喇嘛 59妙猓猡 60猓玀 61狭人 62剌毛 63峨昌 64缅人 65狜猔 66喇鲁 67野人 68戛朴喇 69大猓黑 70窝些 71磨些 72遮些 73山苏 74蒲人 75缅和尚 76小列密 77扯苏 78卡瓦 79扑喇 80蒲蛮 81利米 82西番 83卡隋 84窝泥 85白窝泥 86土獠 87鲁屋猓猡 88龙人 89猓黑 90黑窝泥 91阿卡 92野西番 93撒桓猓猡 94三作毛 95麦岔 96花百彝 97黑濮 98老挝 99暹罗国戛于腊 100长头发 100缅甸茶子 102缅甸艮子 103缅甸绷子 104野狜猔 105苦葱 106蒙化夷 107糯比 108黑铺。

图幅数目与《滇省夷人图说》相同，名目基本相同，但排序有较大变化，个别名目名称有改动：「戛喇」作「戛朴喇」，「弋罗」作「暹罗国戛于腊」，「莽子」、「艮子」、「绷子」前均加「缅甸」。图18「黑甘彝」名与图16重复，以图判断，当为「嫚且」。图95「麦忿」系「麦岔」之误。

大部分说文与《滇省夷人图说》一致，一部分字句有明显改动。改动较大的有黑干彝、阿蝎猓猡、葛猓猡、腊歌、阿系、孟乌、猕人、蒲人、小列米、缅和尚、蒲蛮、野西番、长头发、莽子、绷子、苦葱、糯比等条目，但没有超出《滇省夷人图说》原本框架。

人物图册后有六页文字，即伯麟奏文《跋》语，除个别字有误，全文与《滇省夷人图说》完全相同，书写格式也没有改动。《云南三迤舆地图说》也与《滇省舆地图说》同。

显然，《云南三迤百蛮图》是《滇省夷人图说》改绘抄本。改绘者就是「华宜馆」主人。

「华宜馆」（即「花宜馆」）是清人吴振棫的藏书室号。

吴振棫（1792—1871年）清浙江钱塘人。字仲云，亦作仲耘，号毅甫，再翁、修余老人。据《清史稿》卷四百二十一记载：吴振棫是嘉庆十九年进士，选庶吉士，授编修。道光二年，出为云南大理知府，历山东登州、沂州、济南，安徽凤阳知府；山东登莱青道；贵州粮储道；贵州按察使；山西、四川布政使。咸丰二年，擢云南巡抚，镇压寻甸、东川回民起义，平定开化、广南境「粤匪」。咸丰四年，调陕西巡抚，未行，署云贵总督。剿平贵州兴义、普安「匪乱」。咸丰五年秋，始抵陕西任。未几，擢四川总督。咸丰七年，调云贵总督。对待回民起义，实施「先剿后抚」之策，禁止以团练为名杀掠回民，使云南民族矛盾稍缓。八年四月，抚局粗定，入驻省城，筹办迤西剿抚事宜。是年冬，以病乞罢。[五十四] 著有《养吉斋丛录、余录》、《黔语》、《花宜馆诗抄》等。

华宜馆是浙江省杭州市岳官巷保留至今的古建筑「吴宅」的一部分。「吴宅」建于明代万历年间，原为学官殳龙山、殳云桥兄弟所居。清代咸丰年间归属时任云贵总督吴振棫的宅第，故称「吴宅」。吴宅占地共7亩多，平面布局有三条南北向并立轴线。中轴线上有账房间、守敦堂、道福堂、肇新堂等，形成五进院落；西轴线上为华宜馆，原来前有花园，后有竹园，为主人宴客会友之处。

《花宜馆诗抄》是吴振棫七十岁（同治元年，1862年）时自订诗集，包罗在滇黔任内之作。《云南三迤百蛮图》开首、结尾、中间钤盖「华宜馆」章，证明《云南三迤舆地图说》、《云南三迤百蛮图》是吴振棫出任云贵总督时据伯麟《滇省夷人图说》原底本抄绘，成书时间在咸丰七、八年（1857-1858年）间。

吴振棫抄绘时，基本保持了图像原貌，只有「水摆彝」一幅作了明显的修改：二者构图一致，不同在人物上。《滇省夷人图说》水中洗浴女性三人，其中一人背着小孩；岸上行走男性二人，一人担柴，一人手拎架鸟。《云南三迤百蛮图》水中洗浴女性二人，岸上行走一荷锄男子，一背篓妇人。最明显的变化是水中女性折叠头巾改变成挽髻！这绝不是随意的改动。嘉庆年间伯麟所绘水摆彝，画的是开化府（今文山州）傣族女性服饰形象（类同于今日文山州壮族女性头饰，今越南傣族女性仍传承这种「飘巾」），嘉庆时对滇南十二版纳的傣族知之甚少。到了咸丰年间，来自西双版纳的信息比较清晰，因而吴振棫可以参照各种资料，绘出版纳傣族女性形象。

吴振棫对夷人图中的说文作了较多的改动。例如「古宗」，《滇省夷人图说》说文：

即吐番，经年不栉沐。披毵毳，妇人磁珠饰首。种青稞，嗜酥油、蔓菁。丽江府及镇沅州有之。

《云南三迤百蛮图》说文：

即蒙番，经年不栉沐。披毵毳，妇人以白磁珠饰首。种青稞，嗜酥油、蔓菁。丽江府中甸、维西及镇沅有之。

这里，增加「中甸、维西」，标识古宗的分布区更具体。

又例「黑铺」，《滇省夷人图说》说文：

性慧，善营室宇，削竹为床几及他器具尤精。牧羊而不食其肉。元江州属有之。

《云南三迤百蛮图》说文：

俗与阿氾[五十五]同，而言语微异。尚礼节。善营室宇、削竹为床凡[五十六]，即他器具尤精。畜羊而不食其肉。元江州属有之。

道光《云南通志》记「黑铺」：「旧《云南通志》：黑铺，元江有之。其俗与阿泥同，而言语微异。」[五十七]显而易见，吴振棫依据道光志对此条文字作了增改。戛于腊、莽子、艮子、缅子诸条增补「暹罗」、「缅甸」国名，更明确这些「夷人」并认定这些「夷人」分布在国外。

确切地说，《云南三迤百蛮图》是经过吴振棫修改过的《滇省夷人图说》抄绘本。

据笔者所知，存世的《云南三迤百蛮图》还有两种版本：

甲　中国社会科学院历史研究所藏本《百蛮图》

笔者未见。吕名中《南方民族古史书录》载：「《百蛮图》二卷，清道光间云贵总督奉敕绘制。稿本（中国社会科学院历史研究所图书馆藏）。彩绘共一〇八图，各附简说。其时刘士珍有《百蛮图赞》；或即刘士珍等所制。」[五十八]

武新立编著的《明清稀见史籍叙录》记录此书：「四册。《舆地图》每版图一幅，《百蛮图》每半版图一幅。图说中之文字为楷书大字，无界格。厚纸折叠装，锦皮硬夹面。大本书，高三十五厘米，宽二十五厘米。」「是书不落撰者名，也未标注时间。」认为该书是「清道光间云贵总督奉敕绘制，进呈底稿本」。「是书很可能是由云贵总督伊里布负责、刘士珍等人具体编绘而成的，书成之后，再经伊里布附文上报。」[五十九]这种推测实误。从记述的版本、内容可以判断，这本书与该所藏本《云南三迤舆地图说》当为一套，是《云南三迤舆地图说》和《云南三迤百蛮图》另一种抄本，与中央民族大学藏本出于一源。

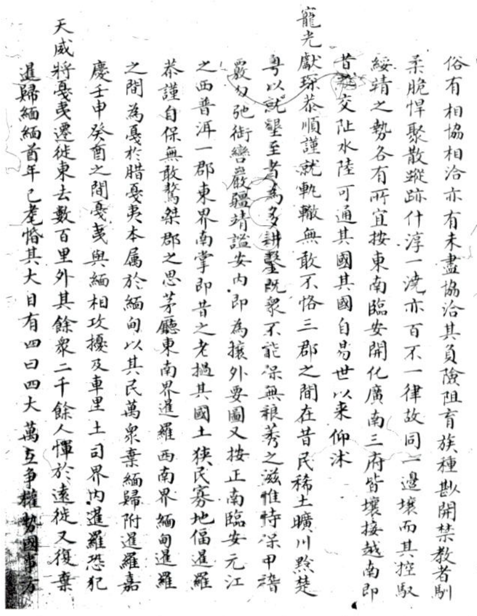
俗有相協相洽亦有未盡協洽其負險阻育族種斁開禁教者馴
柔脆悍聚散蹤跡什淳一澆亦百不一律故同一邊壞而其控馭
綏靖之勢各有所宜按東南臨安開化廣南三府皆壤接越南即
昔交阯水陸可通其國其國自易世以来仰沐
寵光獻琛恭順謹就軌轍無敢不恪三郡之間在昔民稀土曠川黔楚
粤以就墾至者爲多耕鑿既衆不能保無稂莠之滋惟特保甲稽
覈勿弛街巒嚴疆靖謐安内即爲攘外要圖又按正南臨安元江
之西普洱一郡東界南掌即昔之老撾其國土狹民寡地偪暹羅
恭謹自保無敢驁桀郡之思茅廳東南界暹羅西南界緬甸暹羅
之間爲戛於腊戛夷本屬於緬甸以其民萬衆棄緬歸附暹羅嘉
慶壬申癸酉之間戛裔與緬相攻擾及車里土司界内暹羅恐犯
天威將戛裔遷徙東去數百里外其餘衆二千餘人憚於遠徙又復棄
暹歸緬緬酋年已耄惛其大目有四曰四大萬互爭權勢國事方

图二十一　《云南三迤百蛮图》伯麟奏文《跋》文之二　英国牛津大学博德利图书馆（Bodleian Library, Oxford University）藏本
美国劳拉·霍斯泰特勒博士惠赐复制照片。

乙　英国牛津大学博德利图书馆（Bodleian Library, Oxford University）藏本

据美国宾夕法尼亚大学劳拉·霍斯泰特勒（Laura Hostetler）在她的博士学位论文《参考书目》中，记载一部《云南三迤百蛮图全部》[六十]，现收藏在英国牛津大学博德利图书馆（Bodleian Library, Oxford University），编号Ms. Chin. c. 37。全部四卷。书版高14.75英寸（37.5厘米），宽11.5英寸（29厘米）。纸本，彩绘。入藏于1937年，捐赠者不详。该书第四册最后6页是作者跋文。我们目前虽然无法看到原书，但承蒙劳拉·霍斯泰特勒博士惠赐6页跋文复制照片，与民大本对照，文字字数、内容、书写格式完全相同，可以断定，这是另一部存世的《云南三迤舆地图说》和《云南三迤百蛮图》传抄本。

（五）《滇省夷人图说》是《伯麟图说》原本题名

伯麟进奉朝廷的《图说》究竟取的什么书名？这个看似简单的问题，回答起来却很复杂。依道光《云南通志》，可以说是《云南种人图说》。可是细究起来，却有问题。目前可以看到的《伯麟图说》抄绘本或改绘本还有《御制外苗图》、《云南三迤百蛮图》、《滇南夷情汇集》等多种书名。

名之为《云南种人图说》，是道光年间修志者出于一种修志惯例添加的。清鄂尔泰、尹继善修，靖道谟纂乾隆《云南通志》卷二十四《土司》附「种人」，以「种人」称呼少数民族[六十一]。道光《云南通志》卷一百二十八《南蛮志》三之一为《种人》。《进云南种人图说》署名「国朝云贵总督大学士伯麟」，也是编纂者所加，嘉庆皇帝在世时，伯麟只是「协办大学士」[六十二]，道光元年，才拜「体仁阁大学士」，伯麟自己决不敢如此题名。

把云南少数民族称作「外苗」，是嘉庆时的一种习惯用法。然而，《御制外苗图》显然是站在宫廷立场上给《图说》起的名称，不可能是伯麟《图说》原书名。

再看一下《云南三迤百蛮图》，好像符合《图说》内容。细考亦有问题。三迤是云南三大区划的统称。清代，「道」是省派出负责若干府、厅、州区划范围内专门事务的机构，三迤道属这一类型。也有省级设立负责专项事务的机构，如粮储道。云南三迤分别是：「分巡迤东道」，雍正八年设，驻寻甸州，乾隆三十一年后辖七府一州。「分巡迤西兵备道」，雍正八年改分守永昌道设，驻大理府，乾隆三十五年后辖五府三厅。「分巡迤南兵备道」，乾隆三十年设，驻普洱府，辖二府二州。[六十三]三迤囊括除昆明地区的云南府、武定直隶州以外云南所有地域，因而乾嘉时期「三迤」渐成云南省的代称，伯麟进《图说》文中有「三迤山川、人物、设险、经野诸大政」之语，「三迤」即指云南。历史上，「百蛮」泛指南方少数民族，《诗·大雅·韩奕》：「以先祖受命，因时百蛮。」[六十四]《汉书·外戚传下·孝成许皇后》：「方外内乡，百蛮宾服。殊俗慕义，八州怀德。」[六十五]明清之际，习称云南众多民族时也用「百蛮」，乾隆《云南通志》卷七述学校：「然地聚天末，百蛮杂处，椎鲁寡文。」[六十六]「百蛮」作为一种泛称，多见于吟咏诗文。明代学者杨慎有「叶榆巨浸环三岛，益部雄都控百蛮」诗句[六十七]。伯麟之文中，有「其他百濮诸蛮，尽为编户」、「百蛮与汉民杂居」之语，《云南三迤百蛮图》抄绘者或据此拟定书名。具体所指时，「三迤」

为迤东、迤西、迤南三道，不是云南省的全部。《滇省舆地图说》中粮道所辖云南府、武定直隶州就不在「三迤」之列，因而，《云南三迤百蛮图》、《云南三迤舆地图说》并不是确切的题名。

云南自元代设立行省后，「滇省」便成为云南的普通代称、简称，《明史·云南土司》：「滇省所属多蛮夷杂处，即正印为流官，亦必以土司佐之。」[六十八] 清代官方公文中多见「滇省」一语，康熙五十二年五月庚辰「上谕」：「如滇省矿厂所处颇多，亦可资助兵饷。」[六十九]《皇清职贡图》卷七：「苗人相传为盘瓠之种，楚、粤、黔皆有之。其在滇省者，惟曲靖、东川、昭通等府。」[七十] 伯麟进《图说》文中，亦用「滇省」指代云南：「特是滇省领运京铜，一年六运。」「由该四省采运知铜，并归滇省办理。」以「滇省」名《图说》，合乎当时语境。历史上「夷人」是泛指少数民族的惯称。西南少数民族多称「夷」，《史记》有《西南夷列传》。晋人常璩《华阳国志·南中志》：「夷人大种曰昆，小种曰叟。」[七十一] 清时，地方官员奏章中多以「夷人」指称少数民族，雍正年间任云贵总督的高其倬（1666-1738年）《筹酌鲁魁善后疏》：「庶官员兵役，不敢夺夷人之利，而穷黎得以安生矣。」[七十二] 伯麟进《图说》文中，「夷」既是少数民族泛称，如「以稔夷情」，又是具体民族的单位词，如「猓黑夷」、「猓夷」、「野夷」、「窝泥夷」。《滇省舆地图说》的内容，除历史沿革、行政区划、职官设置、山川物产、关防营制外，还包括重要的一项，就是「土司夷人名目」。在21种府、厅、州《舆地图说》中，没有一种缺少「夷人」种类说明。「夷人」是《滇省舆地图说》使用最多的语词，那么取名《滇省夷人图说》也就合乎原编绘者本意。

比较一下，前述四种《图说》从排序到内容看，《滇省夷人图说》是最贴切的题名，应是《伯麟图说》原本副本或原本的抄绘本，版本价值尤可宝贵。

四、《滇省夷人图说》与《滇省舆地图说》的历史民族学价值

《滇省夷人图说》、《滇省舆地图说》是清代中叶形成的历史民族学图像表征文本。

表征（representation）是一种文化认知理论，指事物再现形成的表象符号及其生成意义理解的过程。周宪、许钧在《文化和传播译丛·总序》中说：「文化的创造在某种程度上说就是符号的创造。从符号的角度看，它的基本功能在于表征（representation）。符号之所以被创造出来，就是为了向人们传达某种意义。因此，从根本上说，表征一方面涉及到符号自身与意图和被表征物之间的复杂关系，另一方面又和特定语境中的交流、传播、理解和解释有关。」[七十三] 表征不是事物本身，而是建构意义的生成。「表征意味着用语言向他人就这个世界说出某种有意义的话来，或有意义地表述这个世界。」英国文化学者斯图尔特·霍尔(Stuart Hall)在《表征：文化表象与意指实践》特别强调指出：「简言之，表征就是通过语言生产意义。」[七十四] 图像是一种重要的表征形态，是可视的、形象语言表征。

《滇省夷人图说》、《滇省舆地图说》为我们留下的近200年前云南民族、地理表征图像，是一份不可多得的历史文化遗产。今日，解读这些图像符号自身与意图和被表征物之间的复杂关系，阐释在特定语境中生成的意义，有着重要的历史学、民族学以及边疆政治学、地理学的宝贵价值。

（一）效仿《皇清职贡图》的续脉

清代康熙（1662-1722年）、雍正（1723-1735年）、乾隆（1736-1795年）百余年间，国力强盛，版图辽阔，是统一多民族国家空前巩固和发展时期，史称「康乾盛世」。康熙皇帝平定三藩割据势力，三次亲征噶尔丹，册立西藏六世达赖喇嘛，统一台湾。雍正皇帝两征蒙古厄鲁特部，在西南地区实行大规模改土归流，绥抚「苗疆」。到了乾隆时期，用兵边疆绥靖大业告成，他在度过八十寿辰之时，写下《御制十全记》，夸赞自己的「十全武功」：「十功者，平准格尔为二，定回部为一，扫金川为二，靖台湾为一，降缅甸、安南各一，即今二次受廓尔喀降，合为十。」[七十五]

乾隆时期，以「天朝」自命的清帝国，在雄厚的国力支撑下，为建立大一统「职贡」体系，「武策勋西陲，大功载蒇垓。」[七十六] 外邦交聘，使臣络绎；藩属宾服，职贡不绝；长驱远驭，拓土开疆，边地绥宁，海域安定。这一时期，「中国幅员之广，远轶前古。」[七十七] 为了显扬国威，使大一统业绩彪炳史册，乾隆皇帝亲自撰写平定金川、两金川、准格尔、回部等「告成太学碑文」[七十八]，并命宫廷画师绘制平定两金川、伊犁回部、乌什、台湾、安南、廓尔喀、苗疆、仲苗等「御题战图」。与此同时，他还完成另一件功垂千秋的大事，就是敕谕绘制并完成展现大清「职贡」盛况的图卷——《皇清职贡图》。

雍正年间，在西南一些少数民族地区实施废除土司制、实行流官制的「改土归流」方略。乾隆十一年（1746年），今四川阿坝藏族自治州大金川土司莎罗奔劫夺小金川土司泽旺，经清廷干预释还。次年，莎罗奔又攻打今康定的明本土司等地，清廷派兵弹压，遭到强烈反抗。由此，乾隆帝派遣大军攻伐。十四年（1749年），大金川降服。[七十九] 平定「苗疆」、金川伊始，乾隆帝便下达绘制《皇清职贡图》谕命。如前面所述，乾隆十五年八月十一，大学士傅恒向四川总督策楞传达上谕：命将所知「西番、猓猡男妇形状，并衣饰服习，分别绘图注释」[八十]。这是目前所知有关《皇清职贡图》绘制的最

早记载。策楞接旨后，命人将四川少数民族绘出24幅图，进呈御览。乾隆十六年（1751年）八月，策楞收到军机处发下「番图」二式，谕令将所属「苗瑶以及外夷番众」照式绘图送交军机处汇呈，「以昭王会之盛」。《皇清职贡图》的编绘，是从西南边疆局势稳定之封开始的。绘制工作全面铺开是在乾隆十六年（1751年）闰五月己巳日即闰五月四日（公元1751年6月7日）就发出全面编绘《皇清职贡图》的上谕，《高宗实录》卷三九〇记载：

谕军机大臣等：我朝统一寰宇，凡属内外苗、夷，莫不输诚向化。其衣冠状貌，各有不同。今虽有数处图像，尚未齐全。着将现有图式数张，发交近边各都、抚，令其将所属苗、徭、黎、僮，以及外夷番众，俱照此式样，仿其形貌衣饰，绘图送军机处，汇齐呈览。朕以幅员既广，遐荒率服，俱在覆含之内。其各色图样，自应存备，以昭王会之盛。各该都、抚等或于接壤之处，俟其顺便往来之时，或有人前往公干，但须就便图写，不得特派专员，稍有声张，以至或生疑畏。俟伊等奏事之便，传谕知之。[八十二]

滇省地处边陲，民族众多，在御制《皇清职贡图》中占有重要地位，滇夷图共36种，名目有：黑猡猡、白猡猡、干猡猡、妙猡猡、僰夷、白人、狆人、沙人、侬人、蒲人、怒人、俅人、罗婺蛮、土獠、窝泥蛮、苦葱蛮、扑喇蛮、撒弥蛮、苗人、莽人、猓猓蛮、摩察蛮、扯苏蛮、栂鸡蛮、么些蛮、犵猔番、西番、峩昌蛮、海猓猡、阿者猡猡、鲁屋猡猡、麦岔蛮、嫚且蛮、利米蛮、普岔蛮、缥人。

彩绘正本四卷「告成」应在乾隆二十六年（1761年），[八十二] 嘉庆时期有补绘彩绘本。《钦定秘殿珠林宝笈续编》中《庄豫德等画职贡图》[八十三] 较详细地记述了补绘彩绘本的内容。嘉庆年间增补彩绘本的同时，武英殿印制了增补重刊本，现北京故宫博物院藏有此本。增补本卷八有云南整欠头目先迈岩第、景海头目先纲洪二种二幅。[八十四]

《滇省夷人图说》是云南最高行政、军事长官——云贵总督伯麟奉上谕主持绘制的官修图册，可以看作是效仿《皇清职贡图》滇夷图的续脉。这部图册，绘制的滇夷名目比《皇清职贡图》多出70种，[八十五] 是清代中叶云南民族图录大全。绘图体例上改变每种二幅一男一女的模式，每个名目代表一种，放在生产、生活场景中展现描绘对象的特色。图说简略，清晰表述出当时各民族分布及民风。同时，增加《滇省舆地图说》，将「夷图」和「舆图」合为一体，开创绘制图册的一个先例。作为《皇清职贡图》的续脉，《滇省夷人图说》鲜明地体现出封建王朝大一统的主流价值观。

（二）展现三迤格局中云南民族的生动情景

雍正五年（1727年）至七年（1729年），云贵总督鄂尔泰（1677-1745年）在滇西南和滇东北一些地区实行改土归流，大部分地区设置流官，保留下来的土司有宣慰司一、宣抚司五、副宣慰司二、安抚使三、长官司三、土知府四、土知州四，此外，还有土通判、土县丞、土巡检、土驿丞、土主簿、土典史等小土司40余个。[八十六] 从此土司势力衰微，不再成为割据一方的隐患。到了嘉庆时期，云南残留的土司已在朝廷道、府、州、县行政区划管辖掌控之中。这在《滇省舆地图说》文字说明中可以看清。

清廷实施改土归流的一个成效，是使云南军政建制形成「三迤」格局。

清代，三迤是云南的代称。虽然相沿成习，但对于这一名称的由来，一直没有明晰的解释。《辞海》释「迤」斜行；延伸，例：天安门迤东是劳动人民文化宫[八十七]；以某地为起点，向某一方向延伸地域。清代云南中心地带是云南府，辖嵩明、晋宁、安宁、昆阳四州及昆明、富民、宜良、呈贡、罗次、禄丰、易门七县（约当今云南省昆明市辖区）。云南府治（今昆明市）以东为「迤东」，以西为「迤西」，以南为「迤南」。这是以云南府为中心的地理方位称呼。明人谢肇淛撰《滇略》卷四《俗略》记方言：「滇以会城为界，其东曰迤东，其西曰迤西，合言之曰两迤。迤者，迤逦之义，远也。」[八十八]

云南「三迤」不是地理方位的称呼，而是清代云南军事行政区划「迤东道」、「迤西道」、「迤南道」的合称。「三迤」建制，是在雍正年间云南改土归流逐步形成的。《清实录》卷九六《世宗宪皇帝实录》雍正八年（1730年）七月记载：

丙申，改云南永昌道为分巡迤西道。添设分巡迤东道一员。从云贵广西总督鄂尔泰请也。[八十九]

迤西道、迤东道是雍正年间云南设置的巡抚派出的地方行政机构。

迤东道驻寻甸城（今云南寻甸），后徙曲靖府城（今曲靖市）。初辖云南、临安、澄江、广南、曲靖、普洱、开化、东川、昭通、广西、武定、元江、镇沅十三府。迤东道全称迤东分巡道，所谓「分巡道」，是代表巡抚分巡其地，其长官负责监督、巡察其所属州、府、县的政治和司法等方面的情况。

迤西道驻大理府城（今云南大理市），辖大理、楚雄、顺宁、丽江、永昌、景东、蒙化、永北、鹤庆、姚安十府。迤西道全称分廵迤西兵备道。该道除「分巡」职权外，还兼整饬当兵备衔，监察镇及其以下地方武官，参与军事机要。分巡兵备道职阶高于分巡道。

乾隆三十一年（1766年）由迤东道分置迤南道，全称分廵迤南兵备道。《清实录》卷七百七十《高宗皇帝实录》乾隆三十一年十月记载：

壬戌，吏部议复：「大学士管云贵总督杨应琚奏称：『滇省迤东道辖曲靖等十三府。现在普洱府十三土司之外，复设由孟艮、整欠二土司。该道远驻寻甸，稽察难周。请于普洱府添设迤南道一员，驻扎府城，将附近之镇沅、元江、临安三府并归管辖。至迤东道所辖，除拨隶迤南道四府外，尚有九府，究属辽远。应将云南、武定二府分隶盐道。其曲靖、广西、广南、开化、东川、昭通、澄江七府，仍归迤东道辖。』均应如所请。」从之。[九十]

迤南道驻普洱府城（今云南普洱），辖临安、普洱、元江、镇沅四府、州。迤东道、迤西道和迤南道合称「三迤」。设立迤南道后，云南形成除了粮道所辖云南府、武定直隶州外，尽在「三迤」区划的地方管辖新格局，由此之后，「三迤」成为云南的一种常见的代称。

解释：

云南水系是三迤划分的自然条件，《滇省舆地图说·云南省总图说》有一个

水则金沙、浪沧二江为大。金沙自塔城关以西入云南界，绕于北而会川江。浪沧自你那山入云南界，盘于南，而入车里。正东之水皆汇八达河入广西，正西之水皆归潞江入缅甸，而景东河、阳瓜江贯穿腹里，疆界画然。此三迤之所由分也。

《滇省夷人图说》民族形象名目通共108种，以在三迤地域中的分布排序，依次为粮道所辖10种，迤东道所辖43种，迤西道所辖30种，迤南道所辖25种。《滇省舆地图说》也是依照以上规则排列。

《滇省夷人图说》、《滇省舆地图说》绘制之时，云南「三迤」建制完备。伯麟在《跋》文中说：「诏以三迤山川人物，设险经野诸大政括举梗概，登之图绘，用佐乙览。」这里的「三迤」，就是「滇省」的代词。道光时期出任云贵总督的吴振棫抄绘《滇省夷人图说》、《滇省舆地图说》，重新题名为《云南三迤舆地图说》、《云南三迤百蛮图》，表明这时「三迤」已成为一种习称。

从乾隆二十六年（1761年）《皇清职贡图》彩绘本完成，到嘉庆二十三年（1818年）《滇省夷人图说》、《滇省舆地图说》成书，经过62年时间，人们对于云南民族众多支系的分布、社会结构、风俗习惯有了全新的了解和认识。可以说，《滇省夷人图说》是清代中期官方进行的一次全方位的云南民族识别，今日云南主要民族的支系，基本上都可以在该书中见到近200年前真实可信的图影。《滇省夷人图说》出现许多《皇清职贡图》不见的民族支系名目，以迤东道南部开化府（今文山壮族苗族自治州）为最多，有聂苏、舍武、阿系、阿成、白喇鸡、山车、普列、阿戛、阿倮猡、花土獠、水百彝、黑土獠、旱百彝、普剽、交人、白猓喇、阿度、腊歌、孟乌、腊欲、腊兔等二十一种。

《滇省舆地图说》文字说明内容丰富，包含许多记述当时云南民族状况的新资料。例如，《广西直隶州图说》记载邱北县：

夷民有七嘈，[九十一]曰黑耳、坝昂、五洛河、普嘈、鲁克，皆在浑水江内。曰丰别、曰坝林，在浑水江外。邱北县丞治亦有六嘈。俗以山谷间扶土为嘈也。

嘈，当为邱北夷民（今彝族）一种社会组织形式，不见于前人记载，值得研究者注意。

嘉庆时期，总体上说云南民族关系比较稳定，但一些局部地区的动荡仍然此起彼伏。身为云贵总督的伯麟采取「控驭绥靖」的治边策，剿抚迤西道「野夷」（景颇族）、倮黑夷（拉祜族），是伯麟「控驭绥靖」的二项重大治边行动。《清史稿》卷三百四十三《伯麟传》记载：

（嘉庆）十七年，腾越边外野寨头目拉干出扰，遣兵擒之。缅宁、腾越要隘旧设土练一千六百名，久废，规复其制，给旷土耕种。僧铜金从倮夷李文明为乱，已悔罪投诚，更姓名为张辅国，充南兴土目；至是复勾结倮众侵扰，伯麟赴缅宁督土司会剿。十八年正月，进逼南兴，破其巢，辅国就戮，边境肃清。增设腾越镇马鹿塘、大坝二汛。[九十二]

平定野夷拉干、倮黑夷张辅国，在伯麟按《跋》中有明晰的解说（详见前）。伯麟抚滇之时，还有一次重大的「控驭绥靖」行动，就是平定哈尼族首领高罗衣起义。《清史稿·伯麟传》记载：

（嘉庆）二十二年，临安边外夷人高罗衣自称窝泥王，伪署官职，纠众万余，攻杀土目龙定国，扰瓦渣、溪处两土司境，渡江窥伺内地，伯麟亲往剿平之。议定善后条规，使各土司绥靖夷民，以安反侧。叙功，加太子少保。寻命协办大学士，仍留总督任。二十三年，罗衣从侄高老五窜藤条江外复为乱，扰及郡城。督师剿擒之，余党悉歼。增设临安江内东、西两路要隘塘汛官兵，以江外烟瘴最盛，降夷就抚，裁撤留防兵练。[九十三]

高罗衣事件发生在《滇省夷人图说》成书之时，伯麟在《跋》文中虽没有提及，但在《滇省舆地图说·临安府图说》中却有具体记载：

丁丑（嘉庆二十二年，1817年）、戊寅（嘉庆二十三年，1818年），逆夷高罗衣、高老五怙其山峻瘴浓，再烦张钺。仰秉圣谟指授，不稽旬月，犁穴歼渠，内外莫不洗心震慑。今复议增置旧泛一于斗母阁，添置新泛二于簸岩、一碗水，联络塘哨，用资控驭。

这应当是记录高罗衣事件最早的可靠记录。

值得注意的是，伯麟治理滇夷的一大目标在于「定边」，因而，「跨境民族」在他的两部《图说》中占有重要分量。《清史稿·伯麟传》记载：

嘉庆九年，擢云贵总督。十年，缅甸与暹罗属夷戛于腊构衅，求助于孟连土司刀派功，往援遇害，失其印。伯麟以刀派功祸由自取，惟责暹罗缴所得印。十一年，缅甸请预期纳贡。伯麟知其与暹罗构兵，为求助地，却之。后缅甸为戛于腊所败，果来乞援，伯麟拒勿应，戛于腊旋亦败走。缅兵次车里土司界，严兵守边，移檄训戒，缅兵遂退。

伯麟在《跋》文中特别记述了戛于腊构衅事件（详见前）。

戛于腊是暹罗（泰国）一个族群，又称「弋罗」，图见《滇省夷人图说》第93种。《说》云：「弋罗，蓄发少许，又称一撮毛。文身不衣，强有力。普洱府属思茅边外有之。」《滇省舆地图说·普洱府图说》亦记「戛夷」及长头发、艮子、绷子、莽子等「缅夷」等，并说：「南掌、缅甸出入要冲，设官立隘，其制亦周备焉。」着意处理云南民族与周边邻国关系，在伯麟的《图说》中有鲜明的体现。

《滇省夷人图说》、《滇省舆地图说》是清代云南地方最高行政军事长官伯麟「治边策」的写照，是他「边隅守土，贵稔夷情」的结果。《滇省夷人图说》、《滇省舆地图说》展现出清代中期三迤格局中云南民族分布及形象、习俗的生动情景，如实地记录了清政府处理云南民族关系的重大举措，为今人研究清代中叶云南民族提供了不可多得的史料。

（三）寓含滇省铜业经济衰微的隐忧

云南矿藏丰富，尤以铜、锡著名。采铜铸铜，是清代云南矿业经济的一个支柱。滇铜生产至乾隆朝前期达到全盛。乾隆三年（1738年）突破一千万斤，其后最高年产量达一千三百万斤，约占全国铜产量的95%以上。滇铜是清代全国铸钱业的原料基地，京师铸钱局铸钱原料开始以滇铜为主，年供京局四百万斤，称「京铜」。以后年额续有增加。三十五年，户部厘定云南每年运京师铜连同加耗高达六百三十万斤左右，遂成定额。滇铜除供京铜和本省鼓铸外，各省也来滇采购，岁有定额。[九十四] 由于滇铜在清代铜业占有举足轻重地位，遂出现专门的滇省「云南铜志」、「云南铜政」一类的著述。[九十五]

《滇省舆地图说》文字说明中，具体列举的各地铜厂有：

云南府

罗次县：炼象阁。

易门县：万宝、义都、春树坡。

曲靖府

寻甸州：双龙，知府理之。「铜厂岁办京铜万数千觔，矿砂薄劣，薪炭倍费。」

东川府

会泽县：紫牛坡，知府理之。

巧家厅：汤丹、碌碌、大水沟、茂麓、大风岭，皆属知府管理。「东川岁办京铜三百数十万，而各厂开采日久，衰旺不时，每资腋凑。」

昭通府

大关厅：人老山，箭竹塘。

镇雄州：长发坡，老彝良。知州理之。

永善县：梅子沱，小岩坊。知县理之。

大理府

云龙州：白羊，火功。「岁办京铜四十万。」知州理之。

丽江府

丽江县：回龙。知府理之。

剑川州：回龙厂改煎京铜局在焉。

顺宁府

顺宁县：宁古。知府理之。

楚雄府

南安州：马龙，寨子箐，知府理之。易门子厂，易门县知县理之。

定远县：秀春。知县理之。

永北直隶厅

得宝坪。「岁办京铜数十万。」同知理之。

临安府

宁州：碌硔硐。知州理之。

蒙自县：龙树。知县理之。

元江直隶州

青龙。知州理之。

伯麟还在他的《跋》文中，以较多的篇幅，专述「滇省领运京铜」。他说「非但采久矿稀，兼以岁多薪尽」，表露出对于滇省铜业衰微的隐忧。滇铜的过度开采与冶炼，造成树木锐减的生态危机。「矿稀尽」的隐忧，不久就成为现实，嘉庆后期不得不减少京铜。道光时，大厂除宁台厂外均大量减额，西部新矿区也停止发展。咸丰年间云南爆发了回民起义和哀牢山人民起义，清廷将各矿一律封闭。[九十六]

除铜厂外，《滇省舆地图说》还记述了金厂、银厂、铁厂、锡厂、铅厂以及盐井在各府、厅、州的分布。

《滇省舆地图说》有关滇省铜厂的记录，为研究嘉庆时期云南铜政提供了颇具价值的资料线索。

《滇省夷人图说》、《滇省舆地图说》是民族史、民族学以及清代滇省政治、军事、地理、经济、艺术等研究不可多得的珍贵史料。但是，作为传世珍本，研究者大多难以接触到此书。为此，中国社会科学院民族学与人类学研究所决定将《滇省夷人图说》、《滇省舆地图说》按原貌照排出版，以期为学界提供研究之便，并将我们的辨析考证，权作引玉之砖，希冀其他版本的滇夷图也能够出版面世，让学界同仁分享这些珍贵的历史文化遗产。

《图说》绘制是为封建王朝「治滇」「安边」提供「控驭绥靖」之策，其立场毋庸赘言。为保持历史文本的原貌，书中涉及的少数民族称呼一仍其旧，未作改动，在此一并说明。

注释：

[一] 汪宁生《〈南诏图传〉考释》，载云南省文物管理委员会编《南诏大理文物》，北京：文物出版社，1992年，第186-203页。

[二] （清）钱曾撰，管庭芬、章钰校证《钱遵王读书敏求记校证》，北京：中华书局，1990年，第109页。

[三] 中华书局编辑部编《宋元明清书目题跋丛刊》之四《明代卷》，北京：中华书局，2006年，第421页。

[四] 祁庆富《〈皇清职贡图〉的编绘与刊刻》，《民族研究》2003年第5期。

[五] 台北故宫博物院编印《宫中档乾隆朝奏折》第一辑，1982年，第91页。

[六] 畏冬《〈皇清职贡图〉创制始末》，《紫禁城》1992年第2期。

[七] 庄吉发《谢遂〈职贡图〉满文图说校注》，台北：台北故宫博物院，1989年。

[八] 刘托、孟白主编《清殿版画汇刊》第九册，北京：学苑出版社，1998年。

[九] Hostetler, L., *Chinese Ethnography in Eighteenth Century: Miao Albums of Guizhou Province Thesis* (PhD. D.), University of Pennsylvania, 1995, p. 310.

[十] 宋光宇撰辑《华南边疆民族图录》，台北：「中央图书馆」，1991年。

[十一] （明）刘文征撰《滇志》，古永继校点本，昆明：云南教育出版社，1991年，第994-1002页。

[十二] 李泽奉、刘如仲编著《清代民族图志》，西宁：青海人民出版社，1997年，第292页。

[十三] Hartmut Walravens Introduction, by Nigel Allan, *Catalogue of Chinese Books and Manuscripts in the Library of the Wellcom Institute for the History of Medicine*, London: Wellcom Institute for the History of Medicine, 1994, pp. 60-61. Allan, N., *Pearls of the Orient: Asian Treasures from the Wellcome Library*, London: Serindia Pub, 2003, pp. 178-195.

[十四] 按：*Catalogue of Chinese Books and Manuscripts in the Library of the Wellcom Institute for the History of Medicine*第60页出现的汉字是「云南鹤鹿镇驻扎鹤庆府舆图」，检看*Pearls of the Orient: Asian Treasures from the Wellcome Library*第189页原图照片，「鹿」实为「丽」，今据改。

[十五] 据*Pearls of the Orient: Asian Treasures from the Wellcome Library*第192页「猓猡」图，Allan说明序号为57，与后面序号不合。疑57为56之误，今改正。

[十六] *Catalogue of Chinese Books and Manuscripts in the Library of the Wellcom Institute for the History of Medicine*缺「比」字，今补。

[十七] 龙云、卢汉修，周钟岳纂《新纂云南通志》，1949年铅印本。

[十八] 赵尔巽等撰《清史稿》，北京：中华书局，1977年，第3392页。

[十九] （清）鄂尔泰等修，靖道谟等纂《云南通志》卷十六上「兵防附师旅考」，台北：商务印书馆1983年影印文渊阁《四库全书》本。

[二十] （清）鄂尔泰等编《朱批谕旨》卷一二五—一七六，台北：世界书局1986年影印《摛藻堂四库全书荟要》本。

[二十一] （清）和珅等纂修《钦定大清一统志》卷三六八，台北：商务印书馆1983年影印文渊阁《四库全书》本。

[二十二] Kathrin Hir, *Das Yunnan-Album. Diansheng Yixi Yinan Yiren Tushuo. Illustrierte Beschreibung der Yi-Stmme im Westen uns Süden der Provinz Dian.* der Sammlung Hermann Freiherr Speck von Sternburg aus Lützschena, *Herausgegeben vom Museum für Vlkerkunde zu Leipzig*, 2003.

[二十三] 龙云、卢汉修，周钟岳纂《新纂云南通志》，1949年铅印本。

[二十四] 云南大学图书馆编《清代滇黔民族图谱》，昆明：云南美术出版社，2005年。

[二十五] Giuliano Bertuccioli, Chinese Books from the Library of the Italian Geographical Society in Rome Illustrating the Lives of Ethnic Minorities in South-west China, East and West, 1987 (37), p. 407. Hostetler, L., Chinese ethnography in eighteenth century: Miao Albums of Guizhou province Thesis (PhD. D), University of Pennsylvania, 1995, p. 353.

[二十六] Hostetler, L., Chinese ethnography in eighteenth century: Miao Albums of Guizhou province Thesis (PhD. D), University of Pennsylvania, 1995, p. 348.

[二十七] T. M. H. Playfair, The Miao Tzu of Kueichou and Yunnan from Chinese Descriptions, *The China Review*, vol. V, 1876-1877, pp. 92-108.

[二十八] Clark, George W., *Kweichou and Yunnan Provinces*. "Shanghai Mercury" Office, 1894, pp. 74-88.

[二十九] Colquhoun, A. R., *Across Chrysie: Being the Narrative of a Journey of Exploration Through the South China Borderlands from Canton to Mandalay*, London: S. Low, Marston, Searle, and Rivington, 1883. vol. 1, pp. 371-375.

[三十] 方国瑜《云南史料目录概说》，北京：中华书局，1984年，第733-738页。

[三十一] 马曜主编《云南简史》，昆明：云南人民出版社，1991年，第200页。按：《滇南夷情集汇图册》为《伯麟图说》之别本，详见下文。

[三十二] 萧霁虹《中国古籍中的少数民族图说》，《云南民族学院学报》1997年第1期。

[三十三] Giuliano Bertuccioli, Chinese Books from the Library of the Italian Geographical Society in Rome Illustrating the Lives of Ethnic Minorities in South-west China, East and West, 1987 (37), pp. 399-438.

[三十四] Hostetler, L., Chinese ethnography in eighteenth century: Miao Albums of Guizhou province Thesis (PhD. D), University of Pennsylvania, 1995, pp. 348-360.

[三十五] Kathrin Hir, *Das Yunnan-Album. Diansheng Yixi Yinan Yiren Tushuo. Illustrierte Beschreibung der Yi-Stmme im Westen uns Süden der Provinz Dian*. der Sammlung Hermann Freiherr Speck von Sternburg aus Lützschena, *Herausgegeben vom Museum für Vlkerkunde zu Leipzig*, 2003.

[三十六] Allan, N., *Peals of the Orient: Asian Treasures from the Wellcome Library*, London: Serindia Pub, 2003.

[三十七] 主要有：云南大学图书馆编《清代滇黔民族图谱》（含《云南种人图说》），昆明：云南美术出版社，2005年；宋兆麟《云南民族的生动画卷—〈滇南夷情汇集〉试析》，《中国历史文物》1998年第2期；祁庆富、李德龙《〈伯麟图说〉考异—〈御制外苗图〉及〈滇省夷人图说〉略述》，《民族研究》2007年第1期；祁庆富、李德龙、史晖《再谈〈伯麟图说〉及按语》，《民族学报》第五辑，民族出版社，2007年。

[三十八] 张撝之等编《中国历代人名大辞典》（上海：上海古籍出版社，1999年）不著伯麟生年。阮衎云《清人诗集叙录》卷四十一（北京：文化艺术出版社，1994年，第1480页）《退思斋诗钞》：「据卷四《翁覃溪重宴寄贺诗》注：『余甫六岁，覃溪已登蕊榜。』可证生于乾隆十二年，卒年七十六岁。」按：乾隆十二年即1747年。

[三十九] 赵尔巽等撰《清史稿》，北京：中华书局，1977年，第11135-11137页。

[四十] 方国瑜《云南史料目录概说》，北京：中华书局，1985年，第737-738页。

[四十一] 尤中《中国西南民族史》，昆明：云南人民出版社，1985年，第534、537-539、541、576、596、605、654页。

[四十二] 云南大学图书馆编《清代滇黔民族图谱》，昆明：云南美术出版社，2005年。

[四十三]（清）阮元、伊里布等修，王崧、李诚纂《道光云南通志》，清道光十五年（1835年）刻本。

[四十四] 李孝友笺释《清代云南少数民族竹枝词诗笺·前言》（昆明：云南美术出版社，2005年）：「在《清代云南少数民族竹枝词诗笺》民族部分附上了清代云南著名画家李洁所绘《种人图》40幅。」《种人图》采自道光《云南通志·种人》，称「道光间，阮元纂修《云南通志》，于『种人志』中，摹刻李洁所绘画面，称《种人图》或《职贡图》。」

[四十五]（清）佚名撰《夷人图说》，中国国家图书馆藏清抄本。

[四十六] 赵尔巽等撰《清史稿》，北京：中华书局，1977年，第7302、7326页。

[四十七]《清实录》第三二册「仁宗睿皇帝实录(五)」，嘉庆二十三年六月条，北京：中华书局1986年影印本，第532页。

[四十八]（清）倪惟钦、董广布修，陈荣昌、顾视高纂《续修昆明县志》，1943年石印本。

[四十九]（清）鄂尔泰等修，靖道谟等纂《云南通志》，台北：商务印书馆1983年影印文渊阁《四库全书》本。

[五十] Bertuccioli, Giuliano, Chinese Books from the Library of the Italian Geographical Society in Rome Illustrating the Lives of Ethnic Minorities in South-West China, East and west, vol. 37, Rome: Istituto italiano per il Medio ed Estremo Oriente, 1987.

[五十一] 宋兆麟《云南民族的生动画卷—〈滇南夷情汇集〉试析》，《中国历史文物》1998年第2期；宋兆麟《民族文物通论》，北京：紫禁城出版社，2000年。

[五十二] 马曜主编《云南简史》，昆明：云南人民出版社，1991年，第200页。

[五十三] 按：名目与16重复，据图「甘」当作「且」。

[五十四] 赵尔巽等撰《清史稿》，北京：中华书局，1997年，第12211-12213页。

[五十五] 按：「汎」为「泥」之误。

[五十六] 按：「凡」为「几」之误。

[五十七] 方国瑜主编《云南史料丛刊》第十二卷，昆明：云南大学出版社，2001年，第366页。

[五十八] 吕名中《南方民族古史书录》，成都：四川民族出版社，1989年，第279页。

[五十九] 武新立编著《明清稀见史籍叙录》，南京：江苏古籍出版社，2000年，第89-90页。

[六十] Hostetler, L., Chinese ethnography in eighteenth century: Miao Albums of Guizhou province Thesis (PhD.D), University of Pennsylvania, 1995, p. 354.

[六十一]（清）鄂尔泰、尹继善修，靖道谟纂《云南通志》，台北：商务印书馆1983年影印文渊阁《四库全书》本。

[六十二] 赵尔巽等撰《清史稿》，北京：中华书局，1977年，第11136-11137页。

[六十三]（清）和珅等纂修《钦定大清一统志》卷三六八，台北：商务印书馆1983年影印文渊阁《四库全书》本。

[六十四]（唐）孔颖达《毛诗正义》，北京：中华书局1980年影印《十三经注疏》元刻本，第572页。

[六十五]（汉）班固《汉书》卷九七，北京：中华书局，1975年，第3978页。

[六十六]（清）鄂尔泰等修，靖道谟等纂《云南通志》，台北：商务印书馆1983年影印文渊阁《四库全书》本。

[六十七]（明）谢肇淛《滇略》，台北：商务印书馆1983年影印文渊阁《四库全书》本。

[六十八]（清）张廷玉等撰《明史》卷三一三，北京：中华书局，1985年，第8063页。

[六十九]《圣祖仁皇帝圣训》卷二二，台北：商务印书馆1983年影印文渊阁《四库全书》本。

[七十]（清）傅恒等编绘《皇清职贡图》，载刘托、孟白主编《清殿版画汇刊》第九册，北京：学苑出版社，1998年，第256页。

[七十一] 任乃强《华阳国志校补图注》，上海：上海古籍出版社，1987年，第247页。

[七十二]（清）鄂尔泰等修，靖道谟等纂《云南通志》卷二十九之六，台北：商务印书馆1983年影印文渊阁《四库全书》本。

[七十三] 周宪、许钧《文化和传播译丛总序》，见[英]斯图尔特·霍尔(Stuart Hall)编《表征：文化表象与意指实践》，中译文，北京：商务印书馆，2003年。

[七十四] [英]斯图尔特·霍尔(Stuart Hall)编《表征：文化表象与意指实践》，徐亮、陆兴华译，北京：商务印书馆，2003年，第15-16页。

[七十五]《清实录》《高宗实录》，北京：中华书局，1996年，第1018页。

[七十六]（清）傅恒等编绘《皇清职贡图》，上海：上海古籍出版社1987年影印文渊阁《四库全书》本，第五九四册，第727页。

[七十七] 赵尔巽等撰《清史稿》卷一五三《邦交一》，北京：中华书局，1977年，第4482页。

[七十八]（清）永瑢等《御制四次大功告成太学碑文》，参看北京大学图书馆藏清抄本《石渠宝笈续编》第七册《淳化阁藏》七。

[七十九]（清）魏源《圣武记》卷七《乾隆初定金川土司记》，北京：中华书局，1984年。

[八十] 台北故宫博物院编印《宫中档乾隆朝奏折》第一辑，1982年，第91页。

[八十一]《清实录》第十二册，北京：中华书局，1985年，第120-121页。

[八十二] 祁庆富《〈皇清职贡图〉的编绘与刊刻》，《民族研究》2003年第5期。

[八十三]（清）王杰等编《钦定秘殿珠林石渠宝笈续编》，台北：台北故宫博物院，1968年，第661-663页。

[八十四]（清）英和等编《石渠宝笈三编》，台北：台北故宫博物院，1969年，第4501-4505页。

[八十五]《滇省夷人图说》中僰卜、喇嘛、缅和尚三种并非族称，而指特殊群体。不见《皇清职贡图》中「永昌府西南界缥人」。

[八十六]（清）鄂尔泰、尹继善修，靖道谟纂《云南通志》卷二十四「土司」，乾隆元年（1736年）刻本。

[八十七]《辞海》（1999年普及本），上海：上海辞书出版社，2000年，第2975页。

[八十八]（明）谢肇淛《滇略》卷四，中国国家图书馆藏明刻本。

[八十九]《清实录》第八册，北京：中华书局，1985年，第294页。

[九十]《清实录》第八册，北京：中华书局，1985年，第469-470页。

[九十一] 此字原作上「山」下「曹」。

[九十二] 赵尔巽等撰《清史稿》，北京：中华书局，1977年，第11136页。

[九十三] 赵尔巽等撰《清史稿》，北京：中华书局，1977年，第11136页。

[九十四]《中国大百科全书·中国历史卷》，北京：中国大百科全书出版社，1992年，第1470页。

[九十五]（清）佚名《云南铜志》，载方国瑜主编《云南史料丛刊》第十二卷，昆明：云南大学出版社，2001年；严中平编著《清代云南铜政考》，上海：中华书局，1957年。

[九十六]《中国大百科全书·中国历史卷》，北京：中国大百科全书出版社，1992年，第1470页。

滇省夷人圖說

子間久沐
醲化服食同中華嫁娶
必乘馬平時負薪以
行也雲南府屬有之

普特善漁舟不盈丈而資生之具
咸備性耐寒出没水波間口銜手
掬皆魚也雲南府屬昆明有之

白人古白國
之支流舊訛
僰為白遂稱
為一類而實
不相通力穡
知禮又謂民
家子雲南府
及大理有之

撒彌猓玀性謹愿居山耕瘠
土常艾薪樵鬻于市水居者
捕魚自給雲南府屬有之

猓玀勤耕作
男婦皆能負
戴致遠冬夏
披羊裘其俗
于六月二十
四日燃炬田
間祝豐年也
雲南府及他
郡皆有之

僕卜能為農人祭田
祖以紙囊盛螟蟘白
羊負之令童子送之
境外雲南府屬有之

僰夷亦名擺依又名百夷俗淳重祀
禮耐暑熱就卑濕屢支木作楼居下
棲牛馬釜甑用瓦捕鼠或蝦蟆以待
客雲南府及他郡州皆有之

羅婺一名羅武戴笠披氊織
火草布為衣牧于林阜有屋
無牀採松針藉地卧武定州
及楚雄景東皆有之

羅緬性善服
犏布衣植山
田勤負擔武
采蕈以易鹽
米武定州屬
祿勸有之

土人衣絮衣帶以革飢
則繫之女被氈耕田弋
山以寅午戌日入城市
武定州屬有之

海猓玀亦名壩猓玀性
和順衣食儉約服田知
書曲靖府屬尋甸有之

乾猓玀服食與黑白
二種畧同俗尚華靡
食必立箸于飯戴首
以示報本之意曲靖
府屬宣威有之

苗子居水濱以布
束髮絲衣跣足遇
令節擊銅鼓吹土
簫以歌太平曲靖
府屬宣威有之

爨蠻其名㝡古又號盧鹿蠻男子
去髭鬚好勇婦人皂衣被繡綵或
羊鞟以別貴賤曲靖府屬有之

黑甘夷男衣麻
女衣氈毼飾首
以珠貝居山中
截竹屈鐵爲名
筌琴口吹指彈
迭爲倡和曲靖
府屬宣威有之

獞人俗儉樸男婦皆
事犁鋤好樓居嗜犬
鼠其性畧與儂人同
曲靖府屬平彝有之

白猓玀性樸直褁頭跣足披羊
皮如簑負薪入市近頗有耕而
讀者澂江府及他郡州皆有之

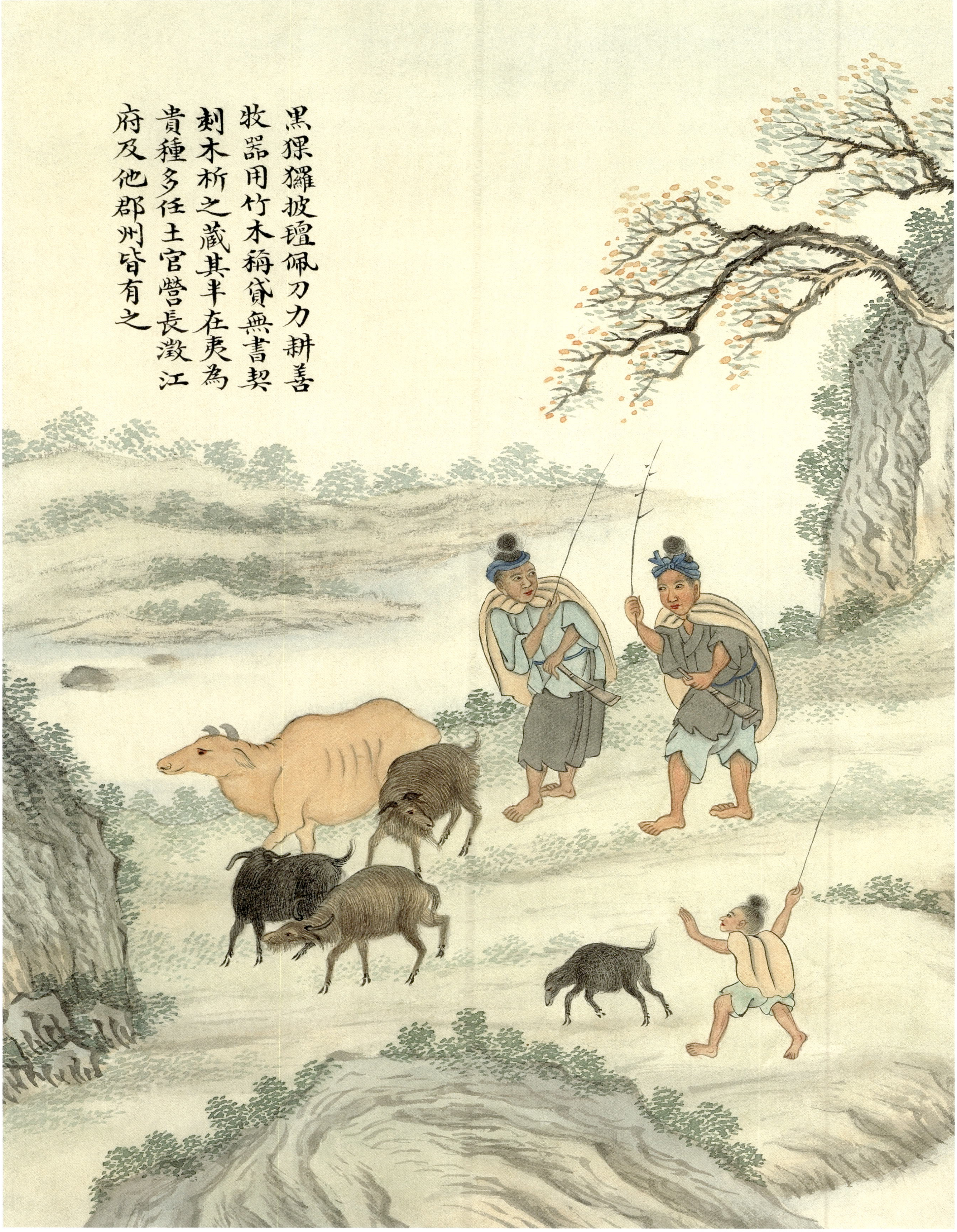
黑猓玀披氊佩刀力耕善
牧器用竹木稱貸無書契
刻木析之藏其半在夷為
貴種多任土官營長澂江
府及他郡州皆有之

阿晒居山凹勤于治生擇
壻必其家之去水遠者俾
女子負水時績綫以為私
蓄也廣西州屬有之

沙人多藝能于懸岩千丈間伐老
杉量材成器又能作沙釜竹匙以
易粟廣西州及他郡皆有之

普拉猓玀力
勇居山巔短
衣不屨出必
持弩戟以佃
以漁廣西州
屬有之

拇雞性勤男子蓬首女
衣繡長不過腹耕山好
獵于隙地植木棉花纍
纍如桃廣西州屬有之

阿蝎猓玀綴樹
皮支以作屋披
羊裘藝菽麻于
禮節頗畧廣西
州屬有之

阿者猓玀居盤江外服
食似黑猓玀好遷移耕
牧高阜其性平易無爭
鬪之習廣西州屬有之

葛猓玀依山居性剛
好獵漸被既久頗習
農業而變舊俗廣西
州屬有之

魯兀耐勞苦栖
山種莜牧牛馬
頗庶掘山藥採
蕨笋以佐食廣
西州屬有之

聶素力耕服賈
頴者購書求師
誦讀不輟菁莪
雅化久洽遐荒矣
開化府屬有之

舍武一名舍烏性弱俗儉耕牧
之暇結網羅以佃漁寒暑皆衣
麻見人輒畏避開化府屬有之

阿繫他方人入夷地久
遂家焉通言語務耕種
聘婦富者以金銀貧者
以牛開化府屬有之

阿成勤儉畏法婚必以羊
酒娶時挹瓢水傾女足前
謂之壓性開化府屬有之

白喇𤢺性魯貌黑服絳綠衣
男女勤耕牧山蟲水蛇皆能
食也開化府邊界有之

山東俗儉嗇夫耕
婦饁不畏寒苦形
如鳩衣服禮節頗
畧開化府屬有之

普列性質直勤于耕
婚必媒妁善雞卜有
疑取雞骨卜之輒兆
開化府屬有之

阿戛性柔當春耕時拾花
草相贈荅撫掌而謳期田
禾之茂也開化府屬有之

阿猓性粗畧男
婦皆衣麻春日
踏青削竹至薄
合而持之含嘲
啴諧以為樂開
化府属有之

花土獠男衣綵布女服繡裙婚不親
迎婦翁携酒飲壻家正月至二月老
幼擊鼓喧舞相娛嬉開化府屬有之

水百夒力桑性懦築土室
水邊居習于水也種秔䊀
務耕織開化府屬有之

黑土獠勤慎明禮居多傍水田事竣携
榼之野以報土神祀畢長者席地坐少
者跽進酒食若享賓然開化府屬有之

旱百夷山居
性勤男子衣
及膝女高髻
帕首綴以五
色絲裳亦然
開化府及普
洱有之

普剌性醇吉事款客吹
負高唱節以鉦鼙男子
衣不及膝女則長脈委
地開化府屬有之

交人垂髮短衣箬笠
蕉扇女以紅帕首讀
書習禮種出安南開
化府邊界有之

白猓喇性耐勞耕餘劈
竹為筐簏入市易食寒
燠一絺衣諸夷中之特
貧者開化府屬有之

阿度勤于樵婚不尚金
帛壻負薪以迎婦入門
即春米蓋百年伊始各
試其力以明自食之義
也開化府屬有之

腊歌性迂拘業耕
樹桒為冠服尚青
藍聘婦雖貧必以
金開化府屬有之

孟烏性遲緩捕魚以生男
衣青藍不繫帶婦人象環
方冠開化府屬有之

普岔性愍居
邉界亦耕𠫓
漁滌場時歌
竹枝于山谿
慶有年也開
化府属有之

腊欲性直質食
藜藿而婚必具
羊酒男婦並馬
歸于儀節殊謹
開化府属有之

腊兜與獛喇相似勤儉
守法治其田盧罕與人
往来開化府属有之

獞人深山樓居無几案脫屨而後登樓
布席坐食嗜犬好勇廣南府屬有之

乾人靡莫別種性
勤恪耕山種水服
教畏威近更多業
儒者風彌淳矣東
川府屬有之

披沙猓玀性頑披氊
負囊男婦共牧隨地
結草屋種荍以食東
川府屬巧家有之

花苗性耿直與紅苗
青苗黑苗皆黔種流
入滇境其類以衣為
別勤業守法昭通府
屬魯甸永善有之

弄子一名沙兔語多
難曉善織擇沃土耕
布粟恒有餘也與諸
夷通婚姻故又稱狆
家苗昭通府屬有之

摩察黑猓玀别種性
強習于弩獵必獲獸
近頗有變其舊習者
大理府及楚雄有之

喇嘛其教傳自西域戒酒色偷盜
習西方梵字經咒日三誦行則以
蒲團竹杖衣鉢隨麗江府屬有之

怒人居怒江
邊力耕向化
風俗淳美歲
納貢物于
朝麗江府屬維
西有之

刺毛居浪滄江邊性如麼
些々多衣白男婦力作供衣
食麗江府屬及東川有之

緬人其種不一
好佛嗜利食不
以梜攩用火器
引火以麥麵疾
無聲法秘不傳
麗江府屬有之

磨些即唐書麽些蠻男子椎髻
婦人緇布冠習耕牧鄉有鬭者
婦排解之輙止學儒之家服與
中華同麗江府屬有之

古宗即土番經
年不櫛沐披毦
毴婦人磁珠飾
首種青稞嗜酥
油蔓菁麗江府
及鎮沅州有之

栗粟即力些纏衣毳帶善用弩每令其
婦負木的徑數寸前行弩發輒中而人
不傷西番畏其技麗江府及大理有之

𤞑人居無
屋茹毛飲
血樹葉為
衣近知務
耕種常為
怒人傭麗
江府𤞑江
外有之

遮些男女皆穿
耳性奢綵衣盤
旋飲食必精潔
善用火器及弩
永昌府屬有之

蒲人男以絳繒束髮衣尚
綠女子裳帶亦然賤者無
之勤耕善走能負重不知
肩擔永昌府屬有之

㒧喇性猛狀類猓玀無常
居結屋則迎山開門耕而
食無餘粟永昌府屬有之

羯些ヽ獸眼烏喙聲如
獐力勇不衣圍頸腹
以布米肉不熟食永
昌府屬騰越有之

野人赤髮黄目夜宿樹
顛取動物以食涉險如
夷永昌府屬騰越有之

喇魯六曰喇
烏樓居近水
牛羊豢其下
勤本業遇人
退讓其散處
荒僻者食蜂
蛇永昌府及
臨安有之

峩昌性畏暑
濕採葛為衣
鮮食好飲剪
篠當箸以決
疑祀用犬永
昌府及大理
順寧有之

卡瓦貌醜能耕紅籐束髮其
類自為一寨又有熟卡瓦多
與漢人往来順寧府属有之

大玀黑性
蠢愚穴居
野處拾美
稗不足採
瓜蔬捕狙
麋以佐食
又有小玀
黑俗同而
形貌差小
順寧府屬
有之

蒙化㚇罗似猓玀其
俗于除夕前六日設
酒食燃炬歌舞照耀
田廬逐来歲之疫也
順寧府屬雲州有之

玀黑蒲棘別派俗似白人女耕男
獵居深林順寧府及楚雄有之

利米面黧男子好
衣皂女披絲衣居
深山鮮植物射雀
療飢不火食也順
寧府屬有之

小列密精弩射得雀
鼠于野燔食之即事
耕耨其民淳淳風猶
古也順寧府屬有之

嫚且拙于治生其俗以丑月朔
醵飲于野彈薪吹葉聲啨咿出
林壑間入新年乃止過此雖終
歲飢寒弗計也楚雄府屬有之

洒摩性馴謹善種麻漚且績
之負以入市有農而士者尤
彬彬矣楚雄府屬有之

蒲蠻性多疑貌黑而
津其音類鳥通漢語
知禮讓耕山善泅食
蕉心如蔬楚雄府及
他郡州皆有之

扯蘇一名車蘇性
强居巖谷中獵食
能紡織奉法惟謹
楚雄府屬有之

西番尚力善射與牧遷移間有
向學者以貝葉寫西方經祀神
誦焉永北廳及麗江有之

野西番垂髮
衣氈毦不常
厥居種麥以
食養牛多生
氂其習俗不
同于西番永
北廳有之

妙猓玀結茅松間圍爐
坐卧男或羅衣雀帽女
三角冠胸背刺繡文吹
蘆笙自清越也蒙化廳
及永昌有之

苦葱俗似糯比
性强弱以地殊
岩居種稗跡于
儀文景東廳及
普洱元江有之

阿卡性頑貌醜
男女服青藍以
紅藤繫腰耕餘
獵較罕入城市
普洱府屬有之

艮子性急以布
纏首服窄袖縉
衣畜馴象使負
薪水或騎以行
普洱府属思茅
邊外有之

莽子性緩嗜利披緣繒而不衣以鐵筆畫字
于蒲竹謂之莽子字凡文牘譯為緬字再譯
為漢字乃悉普洱府屬思茅邊外有之

三作毛種茶好獵剃
髮作三髻中以戴
天朝左右懷父母普洱府
屬思茅有之

黑濮貌多黑言語
似西番勤耕績製
竹器尤精普洱府
屬威遠有之

黑窩泥性拙採茶其
業也女子勤績縷雖
行路不去手普洱府
屬思茅有之

龍人知耕織其俗
以正月元日作秋
千戲殆以習輕趫
而寓介壽之意歟
普洱府近郭有之

緬和尚食肉茹葷以蒲葉書緬字経喜蓄
雞貓誦経時環繞其側也普洱府屬有之

花百夷性柔輭嗜辛酸居
臨水以漁稼每歲三月男
婦擊鼓采花堆沙獻佛以
迓吉祥普洱府屬有之

戈羅畜髮少許
又名一撮毛文
身不衣強有力
普洱府屬思茅
邉外有之

老撾性馴布衣漆笠善治生時入
城市懋遷有無普洱府邊界有之

長頭髮性猛披髮文
身不避艱險九龍江
土練也普洱府有之

緬子性悍
服食器與
民子同出
必携械遇
猛獸弗避
也普洱府
属思茅邉
外有之

魯屋猓玀服飾類黑猓玀
好獵常馳馬林谷間以矛
戟從臨安府屬有之

撒完猓玀性與黑白二
種稍異勤于農喜食鳥
竄臨安府屬蒙自有之

窩泥性嗇男子貫耳
女覆額以錦衣亦五
色相雜其俗或以地
殊臨安府及普洱開
化景東皆有之

麥岔聘婦用牡牛吹笙
酌斗以娛客終歲勤動
恬如也臨安府屬有之

僕喇一名僕腊性野
言語不通務耕植行
住皆負羊皮臨安府
及他郡州皆有之

土獠性直率男子
衣布女服緣或樵
或佃俗與白猓玀
畧同臨安府及他
郡州皆有之

白窩泥男女務耕織服青白衣以籠
負物入市悍而知法鎮沅州屬有之

野古宗貌深
黑于岩石崒
屼處與麋鹿
伍無室廬也
鎮沅州及元
江有之

糯比窩泥
別種性傲
識大義食
以手摶飯
僻處不入
城市元江
州及普洱
有之

山蘇短髮赤足搆杈屋居
深山中種莜稗編竹成器
售于市元江州屬有之

卡惰性鈍
喜歌舞婚
用媒妁而
聘必多金
其俗重生
女也元江
州属有之

黑鋪性慧善營室宇
削竹為牀几及他器
具尤精牧羊而不食
其肉元江州屬有之

臣
謹按雲南為職方邊徼南則控馭緬甸暹羅南掌三國東則與
粵西并扼越南要隘即古南交重地文武將吏督率諸土司星羅
碁布鞏固藩籬形勢冣為雄勝
國朝應運彤矢開滇先弋由榔旋剪吳逆橐弓畫井震疊懷柔百數
十年屢豐有慶暹羅南掌先脩雉貢緬甸亦革其鴂音款關歸極
其他百濮諸蠻盡為編户涵濡沐浴馴悍為淳即或一二犬羊螳
距無不尅日蕩平聲教之盛武烈之揚自三古以来未之有也
聖天子乾乾保泰燭萬里於戶闥
詔以三迤山川人物設險經野諸大政括舉梗概登之圖繪用佐
乙覽臣檢校既竣謹以圖所未能備者臚舉申系於簡末臣按雲南昔
號蕃庶五金駢牣加以鹽井之利民易饒裕崇山峙墉長川列塹
據險臨而振威稜遠駕長馭其勢為便惟是邊臨諸國風尚不必
盡同內地諸土司強弱情形亦各殊別百蠻與漢民襍居嗜欲習

俗有相協相洽亦有未盡協洽其負險阻育族種尠聞禁教者剠
柔脆悍聚散踪跡什淳一澆亦百不一律故同一邊壤而其控馭
綏靖之勢各有所宜按東南臨安開化廣南三府皆壤接越南即
昔之交阯水陸可通其國其國自易世以後仰沐
寵光歡琛恭順謹就軌轍無敢不恪三郡之間在昔民稀土曠川黔楚
粵以就墾至者為多畊鑿既衆不能保無稂莠之滋惟恃保甲稽
覈勿弛銜轡嚴疆靖謐安内即為攘外要圖又按正南臨安元江
之西普洱一郡東界南掌即昔之老撾其國土狹民寡地偪暹羅
恭謹自保無敢驁惕郡之思茅廳東南界暹羅西南界緬甸暹緬
之間為戞于腊戞夷本屬於緬甸以其民萬衆棄緬歸附暹羅嘉
慶壬申癸酉之間戞夷與緬相攻擾及車里土司界内暹羅恐犯
天威將戞夷還徙東去數百里外其餘衆二千餘人憚于遠徙又復棄
暹歸緬緬酋年已耄惛其大目有四曰四大萬互爭權勢國事方

淯即以此戛人屯畊孟良密邇車里土境其衆犬羊反覆其地瘴
癘鬱烈緬暹搆爭相尋未已皆蠻觸自釁不值撻伐揚威昔曾增
設營制於土司境內以瘴不可駐而罷惟拊循車里宣慰司俾得
專力保聚訓練儲餉固圉自强藩籬既壯窺伺不萌門闑設守於
斯為要自普洱府思茅威遠兩廳以西順寧府緬寧廳雲州以南
車里土司之西耿馬土司之東孟連土司之北為猓黑夷衆所窟
穴鼠伏狼貪齒繁地阻自逆酋張輔幗伏法以後震懾
聲靈罔敢再蹈覆轍族衆雖多勢未滂薄特其性本狙獷素不知食力
治生剽奪為常草心不易則宜外勵土司內倚將吏嚴兵集練有
擾必懲設防聯勢樹不可犯之威孟連耿馬扼之於西南不使與
緬合車里扼之于東南不使與戛合地孤勢弱自沮邪謀懷我好
音道可馴致又西南則永昌一郡與順寧皆界連緬甸順寧外接
木邦內隅猓夷永昌則外接蠻莫木邦內隅野夷緬人不能跨猓

黑越野人而連内界改野夷昔皆劃居八關以外自乾隆三十四五年以後始漸遷關内孳息日衆不可復驅其性情亦畧類猓黑但猓黑一目能統數十寨野夷則數十户十數户皆為一寨有一寨即自置一長名為野貫渙無統屬良悍不齊悍者剽刦残賊不可誨諭但知愓威不知感德但可雕剿不可犂埽先孤其掌後殄其渠殲一懲百能使知懼惟其巢穴皆在酷瘴之鄉恃以為固霜降以前不可輕涉雨水以後春瘴又興山山可潛路路可竄兵盛則獸散延喘兵旋則狼負為奸大舉既慮虚勞長圍又難驟合頓兵非計奔命損威惟有責成守土鎮臣假之事權簡兵礪鋭以待猝徵責成守土長吏寛其籌備募練選諜以稔夷情夙捬淳良專殲盈貫又在榮勵隴川干崖諸土司衆効腹心禀承調度戎鉞之討既伸潢蛙之氛自靖此諸郡邉隅機要移步換形有未可一律論者他若廣西州之沙人北界黔苗麗江府之猓猓西通衛藏以

及臨安之窩泥夷民諸種雖有上干
國典旋就誅夷要其種類莠少良多與猓黑野人之性情不侔但得
稽察無怠拊馭有方買牘銷烽無虞蜂蠆矣邊隅守土貴稔夷情
特是滇省領運京銅一年六運往返三年此出彼歸輪流揀掣統
三年為計常有牧民之官十八人不在其任故督運之遴幹材不
易而司牧之諳土宜亦尠惟有隨時耳提面命董率講求庶期漸
練邊情無貽隕越至於通省廠額開滇之初僅敷省鑄其京銅令
楚粵兩省赴滇採運不限以額乾隆初年改令江安閩浙四省赴
滇採運後又改四省採運之銅併歸滇省辦運歲共辦京銅正耗
六百三十餘萬觔又有分年帶解掛欠買補及搭運鐵砂煎耗每
年約四五十萬觔不等又奉文加辦二十萬餘觔統計歲運京銅
七百一十餘萬觔加以本省局鑄需銅六十三萬餘觔又加以三
江兩廣兩湖暨閩黔陝十省俱来滇採辦鑄銅年需高低銅二百

七十萬觔則每年通計共需銅一千五十萬有畸額重欵繁所關
甚鉅比歲漸形竭蹷爐店受兌間至稍逾例限而各省採買亦復
時多稽滯詳覈其故非但採久礦稀兼以歲多薪盡諸廠與諸鹽
井情形畧等昔之就林立灶者今童山日闢往往數百里購木供
煎日採日盡價昂運遠則十年樹木所宜亟講而滇中癘盛浥蒸
蓋蔵本難久貯小民不知畊九餘三之計跬步皆山汎舟不達一
經畧儉庚癸為虞此尤統關邊儲廠井氣脉之重者也臣受
恩深重職任封疆惟有仰體
聖主慎重邊圉至意隨時隨事相度機宜未雨綢繆期臻綏靖當鎮靜
者不敢稍隣躁率當振飭者不敢稍事姑容庶冀
恩威覃播絶徼敉寧財阜民康吏皆奉職用上紓
宵旰垂廑軫恤邊甿之意於萬一云爾